Mahamudra del tantra

Otros libros en español de Gueshe Kelsang Gyatso

Caminos y planos tántricos
Cómo solucionar nuestros problemas humanos
Compasión universal
Comprensión de la mente
Corazón de la sabiduría
El camino gozoso de buena fortuna
El voto del Bodhisatva
Esencia del vajrayana
Gema del corazón
Guía del Paraíso de las Dakinis
Introducción al budismo
La luz clara del gozo
Nuevo manual de meditación
Ocho pasos hacia la felicidad
Tesoro de contemplación
Transforma tu vida
Una vida con significado, una muerte gozosa

Guía de las obras del Bodhisatva
de Shantideva, traducido por Neil Elliot
bajo la guía de Gueshe Kelsang Gyatso.

GUESHE KELSANG GYATSO

Mahamudra del tantra

NÉCTAR DE LA GEMA SUPREMA
DEL CORAZÓN

EDITORIAL THARPA
Vejer de la Frontera
Cádiz (España)

Título original:
Mahamudra Tantra

Editado por primera vez en el 2005 por:

Tharpa Publications
Conishead Priory
Ulverston
Cumbria LA12 9QQ
Inglaterra

Tharpa Publications
PO Box 430
47 Sweeney Rd.
Glen Spey, NY 12737
Estados Unidos

Edita:
Editorial Tharpa
C/ Molinero nº10, bajo
11150 Vejer de la Frontera
(Cádiz) España
Tel.: 95 6451528
E-mail: annatkins@terra.es
Internet: www.tharpa-es.com

Traducción: Mariana Líbano Torróntegui

Ilustraciones por Guen Kelsang Wangchen.
Diseño de la cubierta por Tharpa Publications,
adaptado a la edición española por Javier Calduch.
Composición gráfica del texto: Javier Calduch.

ISBN 84-933148-6-2 – Rústica

Depósito legal: B-31809-2006

Impreso en España/Printed in Spain
Industrias Gráficas Peralta, Barcelona
Impreso en papel permanente sin elementos ácidos

Índice general

Ilustraciones

Ilustraciones de los Gurus del linaje del Mahamudra

Budismo kadampa

El budismo *kadampa* es la unión de todas las enseñanzas de Buda integradas en el *Lamrim*, texto de instrucciones y prácticas especiales compuesto por el gran maestro budista Atisha en el que se presentan las etapas completas del camino hacia la iluminación.

La práctica de esta clase de budismo, caracterizada por su sencillez, profundidad y gran pureza espiritual, constituye un método muy eficaz para solucionar los problemas humanos y es aplicable a todos los aspectos de la vida en la sociedad actual.

NTK - UIBK

Nota de la traductora

Deseo señalar que a lo largo del texto los nombres propios en tibetano se han escrito según un sistema fonético básico. Debido a que en la lengua tibetana hay muchos sonidos que no existen en español, la introducción de estos fonemas es ineludible. Por ejemplo, en tibetano hay una consonante que se pronuncia *ya* y otra *yha*, como la *j* inglesa. Así, en Manyhushri, Yhe Tsongkhapa, etc., la *yha* ha de pronunciarse como la *j* inglesa.

Para representar los términos sánscritos se ha seguido un sistema simple de transliteración, porque evoca la pureza de la lengua original de la que proceden. Así, se ha escrito *Dharma* y no Darma, *Sangha* y no Sanga, etcétera. No obstante, se ha optado por castellanizar algunos términos y sus derivados, como Buda, budismo, Budeidad, etcétera, por estar más asimilados a nuestra lengua. *Tantra* y *Sutra* con mayúscula se refieren a los textos de Buda Shakyamuni en los que se muestran estos senderos, y con minúscula, a los caminos espirituales propiamente dichos. La Real Academia Española ha incorporado en su *Diccionario de la Real Academia Española* las palabras *karma, mandala, mantra, nirvana, samsara* y *tantra*.

Las palabras extranjeras se han escrito en cursiva solo la primera vez que aparecen en el texto.

En cuanto a la acentuación, hemos optado por no acentuar la palabra *solo* en función adverbial, debido a que es muy difícil que se presente casos de anfibología o confusión. No hemos tildado los pronombres demostrativos *este, ese* y *aquel,* ya que en la práctica el riesgo de anfibología con sus adjetivos homógrafos se presenta en muy raras ocasiones. Los monosílabos *fue, fui, dio* y *vio* tampoco se acentúan.

De nuevo, con este precioso texto, deseo expresar mi más sincera gratitud a Javier Calduch por su ayuda indispensable. Con paciencia ha revisado la redacción y, sin lugar a dudas, la ha enriquecido con numerosas y apropiadas sugerencias. También ha trabajado con gran precisión y esfuerzo en la composición gráfica del texto y en la adaptación a la edición española del diseño lde a cubierta. Gracias a su dedicación, la colección en español de los libros de Gueshe Kelsang saldrá a la luz sin demoras. Gracias a Kelsang Sangden por realizar el índice, la lectura de prueba y por sus útiles sugerencias.

Gracias también a Ana Mª García Atkins, directora de la Editorial Tharpa, que trabaja con profesionalidad y dedicación para difundir estos preciosos libros en España.

Prefacio

Este libro, que he preparado para las personas que viven en la sociedad actual, es una guía práctica para descubrir el verdadero significado de la existencia humana. Por lo general, según la experiencia común, esta vida humana ordinaria carece de verdadero significado. Muchas personas mayores y otras que están a punto de morir reconocen que su vida está vacía. A lo largo de la vida trabajamos duramente para acumular posesiones y riquezas, pero al final no tenemos más remedio que dejar todo lo que nos pertenece a otros: no podemos llevarnos nada a nuestra próxima vida. El verdadero significado de la vida humana consiste en encontrar y seguir el camino correcto a la iluminación, y el camino correcto y supremo que nos lleva la iluminación es el tantra del yoga supremo, en particular, el Mahamudra del tantra.

Si deseamos con sinceridad practicar las instrucciones del Mahamudra del tantra que se presentan en este libro, primero debemos recibir la iniciación de Buda Heruka y comprender por completo el significado de estas instrucciones. Luego, si las ponemos en práctica, podremos alcanzar nuestra meta última.

Gueshe Kelsang Gyatso,
enero del 2005.
¡Feliz Año!

PRIMERA PARTE

Introducción al tantra

Buda Shakyamuni

Visión básica

El Mahamudra del tantra es un método para alcanzar la iluminación con rapidez y sus instrucciones son muy profundas. Para que nuestra práctica del Mahamudra sea eficaz, necesitamos los firmes fundamentos de la visión e intención básicas correctas. Al igual que no es posible construir una casa sin una buena cimentación, tampoco podemos practicar el Mahamudra con eficacia sin haber establecido estos fundamentos y sin una clara comprensión de su significado.

Por lo general, pensamos que las experiencias que tenemos cada día, ya sean agradables o desagradables, proceden de fuentes externas. Debido a esta forma de pensar, dedicamos toda la vida a mejorar nuestra situación y circunstancias externas, pero nuestros problemas y sufrimientos siguen aumentando año tras año. Esto indica con claridad que esta manera de pensar no es correcta y nos engaña. Las creencias e intenciones incorrectas nos hacen seguir caminos erróneos que nos conducen al sufrimiento, mientras que las correctas nos permiten seguir los caminos espirituales que nos llevan a la felicidad.

En este contexto, *caminos* no se refiere a los caminos externos, que nos llevan de un lugar a otro. No es necesario estudiar estos caminos, puesto que los podemos ver con nuestros propios ojos. Los caminos a los que nos referimos aquí son los internos, cuya naturaleza es la de nuestras acciones. Las acciones del cuerpo, palabra y mente motivadas por la ignorancia son caminos erróneos porque nos conducen al sufrimiento, mientras que las motivadas por la sabiduría son caminos correctos o espirituales porque nos llevan a la felicidad.

Debido a que hay distintos niveles de felicidad, como el de la liberación o el de la iluminación, existen también diferentes caminos espirituales, como los que nos conducen a la liberación o a la iluminación. Estos caminos, a su vez, pueden dividirse en el camino de la acumulación, el de la preparación, el de la visión, el de la meditación y el de No Más Aprendizaje. Además, puesto que hay distintos niveles de sufrimiento, como el de los humanos, el de los animales y el de los seres de los infiernos, existen también diferentes niveles de caminos erróneos, como los que nos conducen a renacer como un ser humano, un animal o un ser de los infiernos. Si estudiamos todos los caminos mostrados por Buda, podremos distinguir entre los correctos y los incorrectos, y evitar estos últimos. Luego, si entramos en los caminos espirituales correctos, los recorremos y los completamos, podremos alcanzar la iluminación y así llenar nuestra vida de verdadero significado.

En su *Guía del camino medio,* Chandrakirti, el ilustro erudito budista, enumera siete clases de caminos internos:

1. Acciones que nos conducen a la felicidad de la gran iluminación.
2. Acciones que nos conducen a la liberación.
3. Acciones que nos conducen a renacer como un dios.
4. Acciones que nos conducen a renacer como un ser humano.
5. Acciones que nos conducen a renacer como un animal.
6. Acciones que nos conducen a renacer como un espíritu ávido.
7. Acciones que nos conducen a renacer como un ser de los infiernos.

Los dos primeros son caminos supramundanos, es decir, caminos espirituales correctos que nos conducen a la gran iluminación o a la liberación. Estos caminos tienen varios niveles que se corresponden con los diferentes logros espirituales que se describen en las enseñanzas del Lamrim o etapas del camino. Por ejemplo, en el *Nuevo manual de meditación* se presentan veintiuna meditaciones con las que se pueden alcanzar veintiún caminos espirituales o etapas del camino que nos conducen a la iluminación. Tradicionalmente, la primera de ellas es la confianza firme en el Guía Espiritual. Como dice Yhe Tsongkhapa en su *Oración de las etapas del camino*:

> «[...]
> generar fe sincera en el bondadoso maestro espiritual,
> fuente de toda virtud, es la raíz del camino».

Estas veintiuna etapas del camino, incluida la confianza en el Guía Espiritual, son caminos espirituales que nos conducen a la felicidad pura y permanente.

Los cinco caminos restantes enumerados por Chandrakirti son mundanos, es decir, caminos incorrectos que nos conducen a estados de sufrimiento. Se denominan también *acciones contaminadas* porque están contaminados por los venenos internos de la estimación propia y la ignorancia del aferramiento propio. Incluso las acciones virtuosas motivadas por la ignorancia del aferramiento propio que nos conducen a un renacimiento humano están contaminadas. En vidas pasadas, motivados por la perturbación mental del aferramiento propio, realizamos acciones virtuosas, como mantener una disciplina moral. Esta acción en particular fue la causa principal de que hayamos renacido como un ser humano, pero debido a que estaba contaminada por los engaños, nuestro renacimiento también lo está. Puesto que nuestro renacimiento humano está contaminado, no tenemos más remedio que experimentar los sufrimientos humanos.

Los problemas y sufrimientos específicos que experimentamos ahora están relacionados con determinadas acciones que cometimos en vidas pasadas. Aunque esta oculta relación es muy sutil y difícil de comprender, y no es posible verla con los ojos, podemos comprenderla gracias a la sabiduría y, en especial, confiando en las enseñanzas de Buda.

¿Por qué sufrimos y tenemos tantos problemas? Nuestros problemas y sufrimientos no son un castigo impuesto por nadie. Cuando tenemos dificultades solemos culpar de ellas a los demás, pero en realidad surgen porque hemos obtenido un renacimiento humano como resultado de acciones contaminadas por el aferramiento propio y la estimación propia. Nuestro renacimiento humano es la base de todos nuestros sufrimientos y problemas. Los animales han de experimentar los diferentes sufrimientos propios de su condición por haber obtenido un renacimiento animal, y lo mismo ocurre con los seres de los infiernos, los espíritus ávidos e incluso los dioses del reino del deseo. Todos los seres sintientes experimentan sufrimiento por haber obtenido un renacimiento contaminado. La naturaleza de estos renacimientos es sufrimiento, y son la base de todos los problemas y la infelicidad.

Si utilizamos nuestro renacimiento humano para la práctica espiritual, lo llenaremos de significado, pero en caso contrario su naturaleza es sufrimiento: no es más que una manifestación de la mente venenosa del aferramiento propio. Si unas semillas son venenosas, la cosecha resultante también lo será. Del mismo modo, puesto que la causa, un renacimiento contaminado, es como si fuera veneno, sus efectos son inevitablemente venenosos y dolorosos.

El renacimiento contaminado es como un profundo y gran océano, y nuestros problemas, como las olas que surgen sin cesar. Estamos en este océano desde tiempo sin principio, obteniendo un renacimiento contaminado tras otro. Si no alcanzamos la liberación permanente de los renacimientos contaminados en esta vida, tendremos que permanecer en este océano de sufrimiento durante innumerables vidas futuras; el sufrimiento nunca terminará por sí mismo. Mientras sigamos en este gran océano, nuestro cuerpo será devorado una y otra vez por los monstruos marinos del Señor de la Muerte y obtendremos nuevos renacimientos sin cesar. Entonces, en cada nueva existencia tendremos que experimentar los problemas y sufrimientos de esa vida en particular. Si renacemos como ser humano, no tendremos más remedio que experimentar los problemas y sufrimientos humanos, y si renacemos como animal, los propios de los animales. Este ciclo de renacimientos contaminados y sufrimiento, que se denomina *samsara*, continúa vida tras vida sin fin.

Nuestro renacimiento contaminado es nuestro propio samsara. Aunque nadie desea experimentar sufrimiento, puesto que estamos en el samsara, este ocurre de forma natural sin que podamos evitarlo. Se necesita gran sabiduría para reconocer nuestro propio samsara y entender en qué situación nos encontramos. La comprensión de que nuestro propio samsara, nuestro renacimiento humano, es la fuente de todos nuestros problemas y sufrimientos, y la creencia en ello, es la visión básica correcta que nos conduce al logro de la liberación y la iluminación. Generar y mantener esta creencia engañosa es la base para la práctica eficaz del Mahamudra del tantra, el método propiamente dicho para cortar el continuo de los renacimientos contaminados.

Cuando, como resultado de la contemplación de estas enseñanzas, comprendamos con claridad que todos nuestros problemas y sufrimientos diarios proceden de nuestro propio samsara, creeremos con firmeza, desde lo más profundo de nuestro corazón, que resulta de vital importancia abandonar los renacimientos contaminados y alcanzar la liberación permanente del sufrimiento. Debemos esforzarnos con ahínco por mantener esta visión beneficiosa día y noche sin olvidarla.

Además de mantener esta creencia, también hemos de considerar a los demás seres sintientes. En comparación con los demás, nuestros problemas y sufrimientos son insignificantes porque ellos son innumerables, mientras que nosotros solo somos una persona. La felicidad y la libertad de innumerables seres sintientes son más importantes que las de una sola persona: nosotros. Por lo tanto, no es apropiado preocuparnos solo de nuestra propia liberación, sino que debemos generar la visión suprema que estima a todos los seres sintientes, y mantenerla día y noche sin permitir que se nos olvide.

Intención básica

El que vayamos a un determinado lugar o hagamos algo depende de nuestra intención. Por muy poderosos que sean nuestro cuerpo y nuestra palabra, no podemos hacer nada si no tenemos la intención de hacerlo. Si nuestra intención es incorrecta, cometeremos de forma natural acciones incorrectas cuyos resultados serán desagradables, pero si nuestra intención es correcta, ocurrirá justo lo contrario.

Debido a nuestra intención egoísta o incorrecta realizamos acciones contaminadas, que son la causa principal de obtener un renacimiento contaminado –nuestro propio samsara–. Por lo tanto, el samsara, el origen de todos nuestros problemas y sufrimientos, es creado por una intención incorrecta. Nuestra estimación propia desea nuestra felicidad en todo momento, pero no le importa la de los demás. Por lo general, esta ha sido nuestra intención desde tiempo sin principio, día y noche –incluso cuando dormimos–, vida tras vida. Sin embargo, hasta ahora no hemos conseguido satisfacer este deseo. Esto se debe a que en este ciclo de renacimientos contaminados no existe la verdadera felicidad.

En la *Oración de las etapas del camino*, Yhe Tsongkhapa dice:

«Los placeres del samsara son ilusorios,
no producen satisfacción sino tormentos».

Muchas personas piensan: «Cuando me haga rico, alcance una posición social elevada o encuentre una pareja atractiva, seré feliz», pero aunque consigan todo esto, seguirán sin disfrutar de felicidad pura. Por el contrario, experimenta-

Bodhisatva Manyhushri

rán nuevos problemas, sufrimientos y peligros. ¡Ejemplos de ello abundan por doquier!

Cuando comemos o bebemos con nuestros amigos o estamos de vacaciones, es posible que pensemos que somos felices, pero en realidad esto no es verdadera felicidad, sino una mera disminución de nuestros problemas anteriores. La experiencia de placer que sentimos cuando comemos no es más que una reducción del hambre, y no la verdadera felicidad. Si lo fuera, comer debería ser una verdadera causa de felicidad y, por lo tanto, cuanto más comiéramos, más felices seríamos, pero esto no es cierto. En realidad, comer es una verdadera causa de sufrimiento porque llega un momento en que cuanto más comemos, más aumenta nuestro sufrimiento. Esta naturaleza engañosa la encontramos también en todos los demás placeres mundanos.

En su *Guía de las obras del Bodhisatva*, el gran erudito Shantideva dice que debemos alcanzar la iluminación porque en el samsara no existe la felicidad. No hay verdadero significado en este ciclo de renacimientos contaminados. El único significado de renacer como ser humano es alcanzar la iluminación siguiendo el camino que nos conduce a ella. Esto es algo muy sencillo. Lo único que tenemos que hacer es eliminar la intención egoísta de estimación propia y aprender a estimar a todos los seres sintientes por igual, sin discriminación. Las demás realizaciones espirituales seguirán a esta de forma natural.

Para una exposición más detallada sobre cómo aprender a estimar a los demás y el modo de reconocer, reducir y abandonar la estimación propia, véanse *Transforma tu vida* y *Nuevo manual de meditación*. Debemos esforzarnos siempre por contemplar el significado de estas instrucciones y meditar en él hasta que alcancemos una profunda realización de estimar a todos los seres sintientes por igual. Habremos alcanzado esta realización cuando durante el descanso de la meditación sintamos de forma espontánea que todos los seres, incluso los insectos más pequeños, son muy importantes, y su felicidad y libertad también lo son.

Después de alcanzar la realización del amor que estima a los demás, contemplamos cómo los seres sintientes están sometidos sin cesar, vida tras vida, al ciclo de renacimientos contaminados –experimentando una y otra vez los sufrimientos del nacimiento, las enfermedades, la vejez, la muerte, tener que separarse de lo que les gusta, encontrarse con lo que no les gusta y no poder satisfacer sus deseos–. De este modo, generaremos la intención superior que desea de manera espontánea liberar a todos los seres sintientes del samsara, el origen de todo su sufrimiento. Esta compasión universal y la sabiduría del Mahamudra del tantra son como las dos alas de un pájaro: con ellas podemos volar por el cielo de la verdad última de todos los fenómenos y alcanzar con rapidez el plano supremo de la iluminación.

La *iluminación* se define como «la sabiduría omnisciente cuya naturaleza es la cesación permanente de las apariencias equívocas y cuya función es proporcionar paz mental a todos los seres sintientes». Cuando alcanzamos la iluminación, nos convertimos en un ser iluminado. En el budismo, *ser iluminado* y *Buda* son sinónimos. *Buda* significa 'Ser Despierto' y se refiere a cualquier persona que haya despertado del sueño de la ignorancia y se haya liberado por completo de los problemas y sufrimientos ilusorios del samsara. El «sueño de la ignorancia» es el sueño del aferramiento propio en el que permanecen siempre los seres sintientes y del que nunca han despertado. Debido a su ignorancia, todos los seres sintientes sin excepción tienen apariencias equívocas. Por esta razón experimentan problemas, sufrimientos, temores y peligros sin cesar durante toda su vida y las futuras. Solo los Budas están libres de ello. Para una descripción detallada de la ignorancia del aferramiento propio y cómo eliminarla, véase la tercera parte del presente libro titulada «Qué es la vacuidad?».

La naturaleza de un Buda es pureza completa y su función es proporcionar paz mental a todos los seres sintientes concediéndoles bendiciones. Este es el único motivo por el que los Budas alcanzan la iluminación.

Los beneficios que los seres sintientes reciben de los Budas son inconmensurables. En la *Oración liberadora* se dice: «Eres la fuente de toda felicidad y bondad [de todos los seres sintientes]». Gracias a las bendiciones de los Budas, todos y cada uno de los seres, incluidos los animales y los seres de los infiernos, disfrutan de paz mental de vez en cuando. Cuando esto ocurre, debido a que sus mentes son apacibles, ellos son felices. Aparte de estas ocasiones aisladas, sus mentes están ofuscadas por la oscuridad de la ignorancia y experimentan sufrimientos y diferentes problemas sin cesar, vida tras vida. Las enseñanzas de Buda son el único método con el que podemos disipar la oscuridad de la ignorancia de nuestra mente. Si las ponemos en práctica, podremos eliminar la ignorancia del aferramiento propio y experimentar la liberación permanente del sufrimiento y la paz interior del nirvana.

Las enseñanzas de Buda se denominan *Dharma* y son el espejo supremo en el que vemos reflejadas las faltas de nuestros engaños y la bondad de todos los seres sintientes, nuestras madres. Mirando en este espejo podemos distinguir entre lo que debemos abandonar y lo que hemos de practicar. Estas enseñanzas son la medicina suprema con la que podemos curar nuestras graves enfermedades del odio, el apego y la ignorancia, y finalmente alcanzar el objetivo último de la vida humana –la iluminación–.

Para beneficiar a todos los seres sintientes, los Budas se manifiestan bajo diferentes formas, tanto animadas como inanimadas. No existe ningún lugar en el que no haya emanaciones de Buda ayudando a los seres sintientes, y no hay ninguna persona que no esté recibiendo en este momento sus bendiciones. Incluso aquellos que niegan la existencia de Buda las reciben y, como resultado, disfrutan también de paz mental en alguna ocasión. Cuando su mente está tranquila, ellos son felices aunque sus circunstancias externas sean pobres, pero cuando no lo está, no pueden ser felices aunque disfruten de las mejores condiciones externas. Por lo tanto, la felicidad de los seres sintientes depende de su paz interior, su apacibilidad mental, que a su vez lo hace de recibir bendiciones de Buda.

Muchas veces, aunque nos esforzamos por cultivar una mente apacible, debido a nuestros intensos engaños, no lo conseguimos. Sin embargo, en ciertas ocasiones experimentamos paz interior sin poner esfuerzo alguno. Esto se debe a que hemos recibido las bendiciones de Buda en nuestro continuo mental. Debido a que nuestra mente suele estar sumida en la profunda oscuridad de la ignorancia, no siempre somos receptivos a las bendiciones de Buda, sino solo en determinadas ocasiones.

En sus enseñanzas tántricas, Buda menciona numerosas Deidades iluminadas o Budas, como Heruka o Hevajra. El nombre *Heruka* es sánscrito. *He* revela la vacuidad, *ru*, el gran gozo, y *ka*, la unión del gran gozo y la vacuidad. Cualquier ser iluminado designado sobre la unión del gran gozo y la vacuidad es el verdadero Heruka, el Heruka definitivo. El cuerpo del Heruka definitivo es el Cuerpo de la Verdad o *Dharmakaya* de Buda. Este cuerpo no tiene forma ni color y lo impregna todo; no hay ningún lugar donde el Heruka definitivo no esté presente. El Heruka que aparece con la forma de un cuerpo de color azul con cuatro rostros y doce brazos abrazando a Vajravarahi es el denominado *Heruka interpretativo*. Cuando Buda confirió la iniciación de Heruka, apareció bajo el aspecto del Heruka interpretativo para mostrar las bases, el camino y los resultados del tantra del yoga supremo de manera que todos lo pudieran ver.

El Cuerpo de la Verdad o Dharmakaya de un Buda es su sabiduría omnisciente, la unión del gran gozo y la vacuidad. El Cuerpo de la Verdad de un Buda es la base de designación de Heruka. Según la percepción de las personas corrientes, Buda pareció haber fallecido, pero en realidad nunca lo hizo porque su cuerpo principal, el Cuerpo de la

Verdad, es inmortal. Después de comprender la naturaleza y función de Buda, hemos de regocijarnos profundamente de sus preeminentes cualidades.

Como se mencionó con anterioridad, nuestra mente de compasión universal desea liberar a todos los seres sintientes de su sufrimiento. La única forma de conseguirlo es alcanzando la Budeidad, puesto que solo los Budas tienen la capacidad de liberar a todos los seres sintientes del sufrimiento de manera permanente. Contemplando las preeminentes cualidades de Buda y recordando nuestra compasión universal, debemos tomar la firme determinación de alcanzar la iluminación por el beneficio de todos los seres sintientes. Luego, meditamos una y otra vez en esta resolución en concentración convergente hasta que alcancemos la profunda realización que desea de manera espontánea alcanzar la iluminación por beneficio de todos los seres sintientes. Esta realización se denomina *bodhichita*. Hemos de mantener esta intención compasiva día y noche sin olvidarla nunca.

Generar la visión correcta, aprender a estimar a los demás, reconocer la estimación propia, reducirla y finalmente eliminarla, y cultivar la compasión universal y la preciosa mente de bodhichita son prácticas que forman parte del camino común que Buda enseñó en las enseñanzas del sutra. Para satisfacer con rapidez el deseo de nuestra suprema intención de bodhichita, Buda enseñó el camino extraordinario del Mahamudra del tantra, que se expone a continuación.

Yhe Tsongkhapa

¿Qué es el tantra?

Aunque el tantra es muy popular, son pocas las personas que comprenden su verdadero significado. Hay quienes rechazan las enseñanzas tántricas de Buda, mientras que otros hacen un mal uso de ellas para lograr fines mundanos; y muchos no comprenden la práctica de la unión del sutra y el tantra, y creen de manera errónea que son contradictorios. En el *Tantra raíz conciso de Heruka*, Buda dice:

> «Nunca debes abandonar el tantra del yoga supremo,
> sino comprender que tiene un significado inconcebible
> y que es la esencia misma del *Budadharma*».

Si comprendemos el verdadero significado del tantra, no tendremos motivos para hacer un mal uso de él y nos daremos cuenta de que no hay ninguna contradicción entre el sutra y el tantra. La práctica de las enseñanzas del sutra es el fundamento para la práctica de las instrucciones tántricas, y la práctica del tantra es el método rápido para alcanzar la meta última de las enseñanzas del sutra. Por ejemplo, en sus enseñanzas del sutra, Buda nos anima a eliminar el apego, y en el tantra, a transformarlo en el camino espiritual. Algunos piensan que esto es una contradicción, pero en realidad no lo es porque las enseñanzas tántricas de Buda para transformar el apego en el camino espiritual son el método rápido para abandonarlo. Por lo tanto, son el método con el que logramos los objetivos de las enseñanzas del sutra.

Como se ha mencionado con anterioridad, la compasión universal que se genera con la práctica de las enseñanzas del sutra y la sabiduría del Mahamudra del tantra que se adquiere con las enseñanzas tántricas son como las dos alas de un pájaro. Al igual que las dos alas de un pájaro son igualmente necesarias para que este pueda volar, el sutra y el tantra también lo son para el practicante que busca la iluminación.

El *tantra* se define como «la realización interna cuya función es impedir las apariencias y concepciones ordinarias, y alcanzar las cuatro purezas completas». Aunque a menudo las escrituras tántricas de Buda se denominan *Tantra* porque revelan las prácticas del tantra, el verdadero tantra es la realización interna que protege a los seres sintientes de las apariencias y concepciones ordinarias, la raíz de los sufrimientos del samsara. *Tantra, mantra secreto* y *vajrayana* son sinónimos. Las cuatro purezas completas son el entorno, el cuerpo, los disfrutes y las obras puros de un Buda.

Para los seres sintientes, la experiencia de los placeres mundanos es la causa principal para que aumente su apego y, por lo tanto, para que lo hagan también sus problemas. Con el fin de evitar que surja el apego al experimentar los placeres mundanos, Buda enseñó el tantra como método para transformar estos últimos en el camino a la iluminación. Según los diferentes niveles de transformación de los placeres mundanos en el camino, Buda enseñó cuatro clases de tantra: el tantra de acción, el de ejecución, el del yoga y el del yoga supremo. Los tres primeros reciben el nombre de *tantras inferiores*. En el tantra del yoga supremo, Buda impartió las enseñanzas más profundas para transformar el gozo sexual en el camino rápido a la iluminación. Puesto que la eficacia de estas prácticas depende de que los aires internos entren y se disuelvan en el canal central por medio de la meditación, Buda no dio estas instrucciones en los tantras inferiores. En estos últimos, Buda enseñó cómo transformar los placeres mundanos, excepto el gozo sexual, en el camino a la iluminación a través de la imaginación, que es una práctica de tantra más sencilla.

La puerta para entrar en el tantra es recibir una iniciación tántrica. En las iniciaciones recibimos bendiciones especiales que sanan nuestro continuo mental y despiertan nuestra naturaleza de Buda. Cuando recibimos una iniciación tántrica, plantamos las semillas especiales de los cuatro cuerpos de un Buda en nuestro continuo mental. Estos últimos son: el Cuerpo de la Naturaleza de la Verdad, el Cuerpo de la Sabiduría de la Verdad, el Cuerpo de Deleite y el Cuerpo de Emanación. Los seres ordinarios no tienen más que un cuerpo, pero los Budas poseen cuatro de forma simultánea. El Cuerpo de Emanación de un Buda es su cuerpo burdo, y puede ser visto por los seres ordinarios; el Cuerpo de Deleite es su cuerpo sutil, y solo puede ser visto por practicantes que han alcanzado elevadas realizaciones; y los Cuerpos de la Naturaleza y de la Sabiduría de la Verdad son sus cuerpos muy sutiles, y únicamente los Budas pueden verlos.

En el tantra, los objetos principales que hemos de abandonar son las apariencias y las concepciones ordinarias. Los términos *concepción ordinaria* y *apariencia ordinaria* quedan mejor ilustrados con el siguiente ejemplo. Supongamos que hay un practicante de Heruka que se llama Juan. Normalmente, este practicante se ve a sí mismo como Juan y percibe su entorno, disfrutes, cuerpo y mente como los de Juan. Estas apariencias son ordinarias. La mente que acepta estas apariencias ordinarias y piensa que son ciertas es una concepción ordinaria. Las apariencias que tenemos de un «yo», de «lo mío» y de los demás fenómenos con existencia inherente son también apariencias ordinarias; el aferramiento propio y todos los demás engaños son concepciones ordinarias. Las concepciones ordinarias son obstrucciones a la liberación, y las apariencias ordinarias son obstrucciones a la omnisciencia. Por lo general, todos los seres sintientes, excepto los Bodhisatvas que han alcanzado la concentración semejante al *vajra* del camino de la meditación, tienen apariencias ordinarias.

Cuando Juan medite en la etapa de generación de Heruka considerándose a sí mismo como Heruka y creyendo que su entorno, experiencias, cuerpo y mente son los de esta Deidad, tendrá el orgullo divino que impide que surjan las concepciones ordinarias. Cuando alcance la apariencia clara de sí mismo como Heruka, con el entorno, los disfrutes, el cuerpo y la mente de esta Deidad, tendrá la apariencia clara que le impide percibir apariencias ordinarias.

Al principio, nuestras concepciones ordinarias son más perjudiciales que nuestras apariencias ordinarias. Podemos entender esto con la siguiente analogía. Imaginemos que un mago hace aparecer un tigre ante el público. Tanto el mago como los espectadores ven el tigre, pero mientras estos últimos creen que existe de verdad y sienten miedo, el mago sabe que en realidad no existe y permanece tranquilo. El público no tiene miedo por la aparición del tigre, sino porque cree que este existe de verdad. Es esta creencia, y no la mera apariencia del tigre, la causante del miedo. Si, al igual que el mago, los espectadores supieran que el tigre en realidad no existe, aunque lo percibiesen, no tendrían miedo. Del mismo modo, aunque todas las cosas nos parezcan ordinarias, si no las consideramos conceptualmente como tales, no será tan dañino. Por lo tanto, es menos perjudicial para nuestro desarrollo espiritual percibir a nuestro Guía Espiritual como un ser ordinario, pero considerar que, en esencia, es un Buda, que percibirlo como ordinario y, además, creer que en realidad lo es. La convicción de que nuestro Guía Espiritual es un Buda, aunque lo percibamos como una persona ordinaria, nos ayuda a progresar con rapidez en nuestra práctica espiritual.

Para reducir las apariencias y concepciones ordinarias, Buda enseñó el tantra de la etapa de generación; y para eliminar estas dos obstrucciones por completo, mostró el tantra de la etapa de consumación, en particular, el Mahamudra del tantra. Si completamos nuestro adiestramiento en estos dos tantras, nos convertiremos en un ser tántrico iluminado, como Heruka, con las purezas completas del entorno, el cuerpo, los disfrutes y las obras de un Buda.

Togden Yhampel Gyatso

El tantra de la etapa de generación

En la etapa de generación, gracias a la correcta imaginación que surge de la sabiduría, los practicantes tántricos se generan como Deidades tántricas iluminadas, como Heruka, e imaginan que su entorno, su cuerpo, sus disfrutes y actividades son, por ejemplo, los de esta Deidad. Este nuevo mundo imaginado de Heruka es su objeto de meditación y se concentran de manera convergente en esta nueva generación. Adiestrándose de manera continua en esta meditación, los practicantes tántricos alcanzan profundas realizaciones de ellos mismos como Heruka, y de su entorno, su cuerpo, sus disfrutes y actividades, como los de esta Deidad. Esta realización interna es el tantra de la etapa de generación.

El *tantra de la etapa de generación* se define como «la realización interna del yoga creativo que se alcanza practicando las tres transformaciones». Se denomina *yoga creativo* porque su objeto de meditación es creado por la imaginación y la sabiduría. Las tres transformaciones son: la de la muerte en el camino del Cuerpo de la Verdad, la del estado intermedio en el camino del Cuerpo de Deleite y la del renacimiento en el camino del Cuerpo de Emanación. La función principal del tantra de la etapa de generación es purificar la muerte, el estado intermedio y el renacimiento ordinarios, y alcanzar el Cuerpo de la Verdad, el Cuerpo de Deleite y el Cuerpo de Emanación de un Buda. Para una descripción más detallada de la práctica de las tres transformaciones, véanse los libros *Esencia del vajrayana* y *Guía del Paraíso de las Dakinis*.

En el tantra de la etapa de generación, el practicante enfatiza el adiestramiento en el orgullo divino y la apariencia clara. Antes de generar orgullo divino, el practicante debe aprender a percibir su cuerpo y su mente como los de Heruka. Después, utiliza su cuerpo y mente imaginados de Heruka como bases de designación para su «yo» y piensa: «Soy Buda Heruka». Entonces, medita en este orgullo divino con concentración convergente. Adiestrándose de este modo alcanzará una profunda realización del orgullo divino que cree de manera espontánea que es Heruka, y en ese momento cambiará las bases de designación de su yo.

Desde tiempo sin principio, vida tras vida, las bases de designación de nuestro yo han sido siempre un cuerpo y una mente contaminados. Debido a que designamos nuestro yo sobre estas bases, cuando pensamos: «Yo» generamos de forma simultánea la ignorancia del aferramiento propio, la mente que se aferra al «yo» y a «lo mío» con existencia inherente, y que es la raíz de todos nuestros sufrimientos. Sin embargo, para el practicante de tantra cualificado, su profunda realización del orgullo divino le impide generar la ignorancia del aferramiento propio y, por lo tanto, no tiene ningún motivo para experimentar sufrimiento porque disfruta del entorno, disfrutes, cuerpo y mente puros de Heruka.

Quizá nos preguntemos cómo puede un practicante que todavía no es un auténtico Buda Heruka creer que lo es, y cómo es posible que alcance la realización del orgullo divino si su creencia de ser Buda Heruka es equívoca. Aunque este practicante no sea un verdadero Buda Heruka, puede creer que lo es porque cambia sus agregados contaminados por los no contaminados de Heruka como bases de designación. La creencia de ser Buda Heruka en realidad no es equívoca, puesto que no es engañosa y nace de la sabiduría que realiza que el «yo» y «lo mío» carecen de existencia inherente. Por lo tanto, esta realización del orgullo divino que cree de manera espontánea que es Heruka tiene el poder para impedir que surja la ignorancia del aferramiento propio, la raíz del samsara.

Los objetos no existen por su propio lado. No hay un «yo», un «lo mío» ni ningún otro fenómeno con existencia inherente; todos los objetos existen como meras designaciones. Los fenómenos son designados por el pensamiento sobre sus bases de designación. ¿Qué son las bases de designación? Por ejemplo, las partes de un coche son sus bases de designación. Las partes de un coche no son el coche, pero tampoco existe ningún coche separado de sus partes. El coche es designado sobre sus partes por el pensamiento. ¿Cómo? Al percibir cualquiera de las partes del coche, pensamos de forma natural: «Este es el coche». De manera similar, nuestro cuerpo y mente no son nuestro «yo» o «persona», sino sus bases de designación. Nuestro yo es designado sobre nuestro cuerpo y mente por el pensamiento. Al percibir nuestro cuerpo o mente, pensamos de forma natural: «Yo» o «lo mío». Sin bases de designación, los objetos no pueden existir; todos los fenómenos dependen de sus bases de designación.

¿Por qué es necesario cambiar las bases de designación de nuestro yo? Como se ha mencionado con anterioridad, desde tiempo sin principio, vida tras vida, las bases de designación de nuestro yo han sido siempre los agregados contaminados de nuestro cuerpo y mente. Puesto que las bases de designación de nuestro yo están contaminadas por el veneno de la ignorancia del aferramiento propio, experimentamos el interminable ciclo del sufrimiento. Por lo tanto, para liberarnos del sufrimiento de manera permanente, debemos cambiar nuestros agregados contaminados por otros no contaminados como bases de designación.

¿Cómo podemos cambiar nuestras bases de designación? En realidad, ya lo hemos hecho innumerables veces. En el pasado hemos renacido incontables veces, y en cada renacimiento las bases sobre las que designamos nuestro yo fueron distintas. Cuando nacimos como un ser humano, las bases de designación de nuestro yo fueron el cuerpo y la mente de un ser humano, y cuando lo hicimos como un animal, lo fueron el cuerpo y la mente de un animal. Incluso en esta misma vida, al principio las bases de designación de nuestro yo fueron el cuerpo y la mente de un bebé, después, los de un adolescente, y finalmente, los de un anciano. Todas estas innumerables bases de designación han sido siempre agregados contaminados. Nunca hemos cambiado nuestros agregados contaminados por otros no contaminados como bases de designación, puesto que solo es posible conseguirlo siguiendo las enseñanzas tántricas de Buda.

Para cambiar nuestros agregados contaminados por otros no contaminados como bases de designación, hemos de adiestrarnos en la apariencia clara y el orgullo divino. Como Buda muestra en sus enseñanzas de tantra, primero debemos aprender a purificar nuestro cuerpo y mente meditando en su vacuidad y en la de todos los demás fenómenos. Cuando percibamos solo la vacuidad, nos generamos como una Deidad iluminada, como Heruka. Luego, hemos de aprender a percibir con claridad nuestro cuerpo y mente como los de Heruka, nuestro mundo como la tierra pura de esta Deidad, y a los demás seres como Héroes y Heroínas iluminados. Esta práctica se denomina *adiestramiento en la apariencia clara*. Percibimos nuestro cuerpo y mente como los agregados no contaminados de Heruka y pensamos: «Soy Buda Heruka». A continuación, meditamos en este orgullo divino de manera continua con concentración convergente hasta que alcancemos una realización profunda del orgullo divino que cree de manera espontánea que somos Buda Heruka. Cuando lo hayamos conseguido, habremos cambiado nuestros agregados contaminados por otros no contaminados como bases de designación.

Si, por ejemplo, nos llamamos Juan, no debemos pensar que Juan es Buda Heruka, sino sentir que Juan se disolvió en la vacuidad antes de generarnos como Buda Heruka. A continuación, pensamos que nuestro yo designado sobre el cuerpo y la mente de Heruka es Buda Heruka. Esta creencia no es equívoca porque nace de la sabiduría, mientras que las creencias equívocas siempre lo hacen de la ignorancia. La realización del orgullo divino surge de la sabiduría y es un poderoso método para acumular gran cantidad de méritos y sabiduría.

Aunque hayamos alcanzado la realización que cree de manera espontánea que somos Buda Heruka, no hemos de revelarlo o proclamarlo a los demás, puesto que sería inapropiado en la sociedad convencional. Los demás seguirán viéndonos como Juan, y no como Heruka, y nosotros también sabremos que Juan no es Heruka. La realización del orgullo divino y la apariencia clara son experiencias internas con las que podemos controlar nuestros engaños y realizar acciones puras de forma natural. Por lo tanto, no debemos comportarnos de manera inapropiada, sino continuar con nuestras actividades diarias y relacionarnos con los demás con normalidad.

Podemos practicar el tantra de la etapa de generación con la *sadhana* de autogeneración como Buda Heruka, que consta de oraciones rituales para alcanzar la realización de Buda Heruka. En el apéndice 4 puede encontrarse una sadhana concisa para la autogeneración como Buda Heruka titulada *Yoga del Héroe Vajra*. Para una descripción detallada de la autogeneración como Buda Heruka, véase *Esencia del vajrayana*.

Baso Chokyi Gyaltsen

El tantra de la etapa de consumación

La etapa de generación puede compararse con esbozar un dibujo, y la etapa de consumación, con finalizarlo. Mientras que los objetos principales de la meditación de la etapa de generación –el mandala y las Deidades– los generamos con la imaginación, los de la etapa de consumación –los canales, las gotas y los aires internos– no es necesario hacerlo, puesto que ya existen en nuestro cuerpo. Por esta razón, la etapa de consumación no es un yoga creativo.

La *etapa de consumación* se define como «la realización interna de aprendizaje que se desarrolla como resultado de que los aires entren, permanezcan y se disuelvan en el canal central gracias a la meditación».

Los objetos de estas meditaciones son el canal central, la gota indestructible y el aire interno y la mente indestructibles.

EL CANAL CENTRAL

El canal central se encuentra exactamente en medio del cuerpo, entre los dos hombros, pero más cerca de la espalda que de la parte frontal. Justo delante de la espina dorsal está el canal de la vida, que es bastante grueso, y delante de él, el canal central. Este comienza en el entrecejo, desde donde se arquea ascendiendo hasta la coronilla y desde allí desciende en línea recta hasta la punta del órgano sexual.

Es de color azul claro en su parte exterior y tiene cuatro atributos: 1) es recto como el tronco de un platanero, 2) por dentro es de color rojo grasiento, como el de la sangre, 3) es claro y transparente, como la llama de una vela, y 4) es suave y flexible como un pétalo de loto.

A cada lado del canal central, sin espacio intermedio, se encuentran los canales derecho e izquierdo. El canal derecho es de color rojo, y el izquierdo, blanco. El canal derecho comienza en la punta del orificio nasal derecho, y el izquierdo, en la del izquierdo. A partir de ahí, los dos ascienden en forma de arco hasta la coronilla, a cada lado del canal central. Desde la coronilla, estos tres canales descienden hasta el ombligo manteniéndose paralelos y adyacentes. Al llegar debajo del ombligo, el canal izquierdo se curva ligeramente hacia la derecha separándose un poco del canal central y volviéndose a unir con él en la punta del órgano sexual, donde realiza la función de retener y derramar el semen, la sangre y la orina. Cuando el canal derecho llega debajo del ombligo, se curva un poco hacia la izquierda y termina en el ano, donde ejerce la función de retener y soltar las heces, etcétera.

Los canales laterales se enroscan al canal central en varios lugares formando lo que se denomina *nudos*. Los cuatro puntos donde se encuentran estos nudos son, en orden ascendente, las ruedas de canales o *chakras* del ombligo, del corazón, de la garganta y de la coronilla. En cada uno de estos lugares, excepto en el corazón, hay dos nudos formados por una vuelta del canal derecho y otra del izquierdo. Al ascender hacia estos puntos, los canales derecho e izquierdo se enroscan al canal central cruzándolo por delante y dándole una vuelta. Luego, siguen ascendiendo hasta el siguiente chakra. En el chakra del corazón ocurre lo mismo, pero en este lugar hay seis nudos formados por tres vueltas de cada canal lateral entrecruzadas. Los canales son las vías por las que fluyen los aires internos y las gotas. Al principio es suficiente con familiarizarnos con la descripción y visualización de los tres canales. En el apéndice 2 puede encontrarse una exposición detallada de los canales.

LA GOTA INDESTRUCTIBLE

En el cuerpo hay dos clases de gotas: blancas y rojas. Las gotas blancas son la esencia pura del fluido seminal blanco o semen, y las rojas, la de la sangre, y ambas pueden ser burdas o sutiles. Todas las que fluyen fuera del canal central son burdas, y las que lo hacen en su interior pueden ser burdas o sutiles.

La sede principal de la gota blanca, también conocida como *bodhichita blanca*, es el chakra de la coronilla, y es en este lugar donde se origina el fluido seminal blanco. La sede principal de la gota roja o *bodhichita roja* es el chakra del ombligo, y es en este lugar donde se origina la sangre. La gota roja en el ombligo también es el origen del calor del cuerpo y la base de la realización del calor interno o *tummo*. Cuando las gotas se disuelven en los canales y fluyen por ellos, producen una experiencia de gozo.

Como se mencionó con anterioridad, en el chakra del corazón hay seis nudos formados por los canales derecho e izquierdo que se enroscan al canal central y lo oprimen. Este es el nudo más difícil de aflojar, pero cuando lo conseguimos gracias a la meditación, adquirimos un gran poder –la realización de la luz clara–. Los seis nudos oprimen el canal central en el corazón dejándolo bloqueado como una caña de bambú. En su interior, en el centro de este nudo de seis vueltas, hay una pequeña cavidad en la que se encuentra una gota llamada *gota indestructible*. Es del tamaño de un pequeño guisante, con el hemisferio superior de color blanco y el inferior de color rojo. La sustancia del hemisferio superior blanco es la esencia clara del semen, y la del hemisferio inferior rojo, la de la sangre. Esta gota, que es muy pura y sutil, es la esencia misma de todas las demás. Todas las gotas ordinarias rojas y blancas que fluyen por el cuerpo se originan en ella.

La gota indestructible es parecida a un pequeño guisante que ha sido cortado por la mitad, vaciado ligeramente y vuelto a unir. Se llama *indestructible* porque sus dos partes no se separan hasta el momento de la muerte. Al morir, todos los aires internos se disuelven en la gota indestructible y, debido a ello, se abre. Cuando las dos partes se separan, nuestra consciencia abandona el cuerpo y entra en la próxima vida.

EL AIRE INTERNO Y LA MENTE INDESTRUCTIBLES

La naturaleza del aire indestructible es un «aire interno» muy sutil. Los aires internos son aires de energía que fluyen por los canales del cuerpo y son mucho más sutiles que el aire externo. Están asociados con varias mentes a las que sirven de montura. Sin estos aires, nuestra mente no podría desplazarse de un objeto a otro. Se dice que los aires internos son como una persona ciega, pero que puede andar, porque a pesar de que no perciben nada, pueden desplazarse de un lugar a otro. Las mentes son como una persona sin piernas, pero que puede ver, porque son incapaces de moverse sin su montura, los aires internos. Puesto que las mentes van siempre montadas sobre sus aires internos asociados, pueden percibir objetos y desplazarse.

Los aires internos que fluyen por los canales laterales son impuros y perjudiciales porque sirven de montura a las mentes de aferramiento propio, estimación propia y otros engaños. Debemos esforzarnos por reunir y disolver estos aires internos en el canal central para impedir que surjan las perturbaciones mentales.

Para los seres ordinarios, los aires internos solo entran, permanecen y se disuelven en el canal central durante el proceso de la muerte y el sueño profundo. En estas ocasiones se manifiestan el aire y la mente indestructibles, pero los seres ordinarios no pueden reconocerlos porque en ese momento su memoria o retentiva mental deja de funcionar. Los practicantes tántricos de la etapa de consumación pueden hacer que sus aires internos entren, permanezcan y se disuelvan en el canal central en cualquier momento gracias a su meditación en los canales, gotas y aires internos. Por lo tanto, pueden alcanzar las realizaciones de las cinco fases siguientes del tantra de la etapa de consumación: 1) la realización inicial del gran gozo espontáneo (el cuerpo aislado y la palabra aislada de la etapa de consumación), 2) la luz clara ejemplar última, 3) el cuerpo ilusorio, 4) la luz clara significativa y 5) la unión de la luz clara significativa y el cuerpo ilusorio puro. Después de llegar a esta última fase, los practicantes pueden alcanzar la iluminación en pocos meses.

Hay cinco aires internos raíz y cinco secundarios. Los aires raíz son:

1. El aire que sustenta la vida.
2. El aire descendente evacuador.
3. El aire ascendente movedor.
4. El aire que permanece por igual.
5. El aire que lo impregna todo.

Los aires internos secundarios son:

1. El aire movedor.
2. El aire de intenso movimiento.
3. El aire de perfecto movimiento.
4. El aire de fuerte movimiento.
5. El aire de definitivo movimiento.

En el apéndice 3 puede encontrarse una descripción detallada de los aires internos.

El aire indestructible es el aire muy sutil asociado a la mente muy sutil, que le sirve de montura. Se denomina *cuerpo que reside de manera continua* porque siempre lo hemos tenido, vida tras vida. Aunque nuestra mente de estimación propia cree que el cuerpo que tenemos ahora es nuestro propio cuerpo y lo estima, en realidad es parte del cuerpo de otras personas, puesto que lo es del de nuestros padres. Nuestro yo o persona designado sobre nuestro

Drubchen Dharmavajra

cuerpo y mente actuales dejará de existir al final del proceso de la muerte, pero nuestro yo designado sobre nuestro cuerpo y mente que residen de manera continua nunca cesa, sino que viaja de vida en vida. Esta persona o yo es la que finalmente se convertirá en un ser iluminado. De ello se deduce que, según el tantra del yoga supremo, en el continuo mental de cada ser sintiente hay una persona o yo inmortal cuyo cuerpo que también lo es. Sin embargo, si no seguimos las profundas instrucciones del tantra del yoga supremo, no podremos reconocer nuestro propio cuerpo y yo inmortales, nuestra verdadera identidad. En cierta ocasión, un yogui dijo:

> «Primero, debido al miedo a la muerte, corrí hacia
> el Dharma.
> Luego, me adiestré en el estado de la inmortalidad.
> Finalmente, comprendí que la muerte no existe y
> me relajé».

Dentro de la gota indestructible se encuentran el aire interno y la mente indestructibles, que son la unión del aire interno y la mente muy sutiles. Este aire interno muy sutil es nuestro propio cuerpo o *cuerpo que reside de manera continua*, y la mente muy sutil o mente indestructible, nuestra propia mente o *mente que reside de manera continua*, que monta sobre el aire muy sutil. Debido a que la unión de estos dos nunca cesa, se denomina *aire y mente indestructibles*. Esta unión nunca se ha desenlazado en el pasado ni lo hará en el futuro. El potencial que la combinación de nuestro cuerpo y mente muy sutiles tiene para comunicarse es nuestra palabra muy sutil, nuestra propia palabra o *palabra que reside de manera continua*. En el futuro se convertirá en la palabra de un Buda. En resumen, dentro de la gota indestructible se encuentran nuestro propio cuerpo, palabra y mente, que en el futuro se convertirán en el cuerpo, palabra y mente de un Buda.

Después de adquirir cierta experiencia en el tantra de la etapa de generación, que es como hacer el esbozo de un dibujo, hemos de practicar las meditaciones del tantra de la etapa de consumación para completar ese dibujo. Estas son las meditaciones en el canal central, la gota indestructible y el aire y la mente indestructibles, conocidas como *los yogas del canal, la gota y el aire*. Debemos adiestrarnos en estas meditaciones una y otra vez con la práctica de la *Guía preliminar*, que se presenta en la segunda parte de este libro.

CÓMO MEDITAR EN EL CANAL CENTRAL

Primero debemos aprender a percibir nuestro canal central con la siguiente contemplación:

> *El canal central está situado exactamente en medio de mi cuerpo, entre los dos hombros, pero más cerca de la espalda que de la parte frontal. Justo delante de la espina dorsal está el canal de la vida, que es bastante grueso, y delante de él, el canal central. Comienza en mi entrecejo, desde donde se arquea ascendiendo hasta la coronilla y a partir de ahí desciende en línea recta hasta la punta del órgano sexual. Por fuera es de color azul claro, y por dentro, de color rojo grasiento. Es claro y transparente, y muy suave y flexible.*

Al principio, si lo deseamos, podemos imaginar que el canal central es bastante grueso e ir visualizándolo cada vez más delgado hasta que finalmente tenga el grosor de una paja de refresco. Debemos efectuar esta contemplación repetidas veces hasta que percibamos una imagen genérica del canal central. A continuación, pensamos que nuestra mente está en el interior del canal central a la altura del corazón y meditamos en este canal con concentración convergente. Debemos realizar esta meditación una y otra vez hasta lograr una profunda experiencia de ella.

CÓMO MEDITAR EN LA GOTA INDESTRUCTIBLE

Para percibir la gota indestructible, realizamos la siguiente contemplación:

Dentro del canal central, a la altura del corazón, hay una pequeña cavidad en la que se encuentra mi gota indestructible. Es del tamaño de un pequeño guisante, con el hemisferio superior de color blanco y el inferior de color rojo. Se parece a un pequeño guisante que ha sido cortado por la mitad, vaciado ligeramente y vuelto a unir. Es la esencia misma de todas las gotas y es muy pura y sutil. Aunque su sustancia es sangre y semen, su naturaleza es muy clara, como una pequeña esfera de cristal que irradia luz de cinco colores.

Debemos realizar esta contemplación repetidas veces hasta percibir una imagen genérica clara de la gota indestructible dentro del chakra del corazón en el canal central. Hemos de sentir que nuestra mente está dentro de la gota indestructible y concentrarnos en ella de manera convergente sin distracciones.

Esta meditación es un método muy poderoso para hacer que los aires internos entren, permanezcan y se disuelvan en el canal central. El maestro Ghantapa dijo:

«Debemos meditar de manera convergente
en la gota indestructible que reside siempre en nuestro corazón.
Aquellos que estén familiarizados con esta meditación,
sin lugar a dudas adquirirán la sabiduría excelsa».

Aquí, *sabiduría excelsa* se refiere a la sabiduría de la luz clara del gozo que se experimenta al aflojarse los nudos de la rueda de canales del corazón. De todos los nudos del canal central, estos son los más difíciles de aflojar, pero si nos concentramos en este chakra desde el principio de nuestro adiestramiento en la etapa de consumación, nos resultará más fácil desatarlos. Por lo tanto, esta meditación es un poderoso método para alcanzar auténticas realizaciones de la etapa de consumación.

CÓMO MEDITAR EN EL AIRE Y MENTE INDESTRUCTIBLES

Para profundizar en nuestra experiencia de la sabiduría de la luz clara del gozo, realizamos la meditación del aire y la mente indestructibles. Primero hemos de encontrar el objeto de esta meditación, la percepción clara de nuestro aire y mente indestructibles, con la siguiente contemplación:

Dentro de la gota indestructible se encuentra la unión de mi aire y mente indestructibles bajo el aspecto de una diminuta nada, que simboliza la mente de luz clara de Heruka. Es de color blanco rojizo e irradia rayos de luz de cinco colores. Mi gota indestructible, situada dentro del canal central en mi corazón, es como una casa, y la unión de mi aire y mente indestructibles, como la persona que vive en ella.

Realizamos esta contemplación repetidamente hasta que percibamos la nada, cuya naturaleza es la unión de nuestro aire y mente indestructibles. Reconociendo que la nada es la unión de nuestro aire y mente muy sutiles, y sintiendo que nuestra mente ha entrado en ella, meditamos en la nada de manera convergente sin olvidarla.

Cuando logremos una experiencia profunda de las meditaciones en el canal central, la gota indestructible y la unión del aire y la mente indestructibles, nuestros aires internos entrarán, permanecerán y se disolverán en el canal central y percibiremos unas señales especiales. Observando la respiración podremos saber si los aires internos han entrado en el canal central. Por lo general, nuestra respiración no es uniforme, sino que exhalamos más aire por unos de los orificios nasales que por el otro y el aire no sale por los dos a la vez. No obstante, cuando los aires internos han entrado en el canal central como resultado de las meditaciones anteriores, sale la misma cantidad de aire por ambos orificios nasales y lo hace al mismo tiempo, tanto al inhalar como al exhalar. Por lo tanto, la primera señal que notaremos será que respiramos de manera uniforme por los dos orificios nasales. Otro desequilibrio que se observa en la respiración normal es que la inhalación es más profunda que la exhalación, o viceversa. La segunda señal de que los aires han entrado en el canal central es que la profundidad de la inhalación y la exhalación es exactamente la misma.

También hay dos señales que indican que los aires permanecen en el canal central: 1) nuestra respiración es cada vez más débil hasta detenerse por completo y 2) el movimiento abdominal que normalmente acompaña a la respiración también se detiene. Por lo general, si dejáramos de respirar, nos asustaríamos pensando que nos vamos a morir, pero si esto ocurre como resultado de la meditación, no solo no tendremos miedo, sino que nos sentiremos más seguros, cómodos y flexibles.

Cuando los aires permanecen en el canal central, dejamos de depender del aire burdo para sobrevivir. Por lo general, nuestra respiración solo se detiene en el momento de la muerte. Durante el sueño es mucho más sutil, pero nunca cesa por completo. Sin embargo, durante las meditaciones de la etapa de consumación, dejamos de respirar totalmente sin perder el conocimiento. Cuando los aires permanezcan en el canal central durante cinco o diez minutos, es posible que escapen de nuevo a los canales derecho e izquierdo y volvamos a respirar. Si el aire sale por los orificios nasales es porque los aires internos ya no permanecen en el canal central.

¿Cuáles son las señales de que los aires se han disuelto en el canal central? Hay siete aires internos que deben disolverse, y la disolución completa de cada uno de ellos viene acompañada de una señal específica. Estos aires son:

La nada
(reproducida al tamaño que se ha de visualizar)

1. El aire del elemento tierra.
2. El aire del elemento agua.
3. El aire del elemento fuego.
4. El aire del elemento aire.
5. El aire sobre el que monta la mente de apariencia blanca.
6. El aire sobre el que monta la mente del rojo creciente.
7. El aire sobre el que monta la mente negra del logro cercano.

Los cuatro primeros son burdos, y los otros tres, sutiles. Estos siete aires se van disolviendo de manera sucesiva, y al producirse cada disolución, percibimos una apariencia determinada.

El aire del elemento tierra mantiene e incrementa todo lo relacionado con el elemento tierra de nuestro cuerpo, como los huesos, los cartílagos y las uñas. Cuando este aire se disuelve en el canal central, percibimos una apariencia conocida como *apariencia semejante a un espejismo*, que es como el agua trémula que se ve en ocasiones en el suelo de un desierto. Esta apariencia puede tener tres grados según la intensidad con que se haya disuelto el aire del elemento tierra en el canal central. Si la disolución es débil, la apariencia será vaga, difusa y muy difícil de reconocer; si es casi completa, la apariencia será más clara y vívida; y si es completa del todo, será inequívocamente clara y vívida, e imposible no percibirla. Cuando el aire del elemento tierra se haya disuelto y percibamos la apariencia semejante a un espejismo, se disolverá el siguiente aire y percibiremos otra apariencia distinta. Cuanto más completa sea la disolución del primer aire, más vívida será la percepción de la siguiente apariencia.

El segundo aire que se disuelve es el del elemento agua, que mantiene e incrementa los fluidos del cuerpo, como la sangre. La apariencia que acompaña a esta disolución se denomina *apariencia semejante al humo*. En algunos textos se dice que es como el humo ondulante que sale de una chimenea, pero en realidad esta última apariencia se produce justo antes de la disolución del aire del elemento agua. La verdadera apariencia semejante al humo se percibe al disiparse la anterior, y es como una fina nube de humo azul flotando en el aire en un lento remolino. Esta apariencia también tiene tres grados según la intensidad de la disolución del elemento agua.

A continuación se disuelve el aire del elemento fuego. Este aire mantiene e incrementa el elemento fuego, es responsable del calor del cuerpo, etcétera. La señal de que este aire se ha disuelto es la *apariencia semejante a luciérnagas chispeantes*. Esta apariencia suele describirse como las chispas que ascienden sobre una hoguera al aire libre por la noche, y también puede tener tres grados dependiendo de la intensidad de la disolución.

Después, se disuelve el aire del elemento aire. Este es el aire sobre el que monta la mente conceptual burda. Mantiene las apariencias duales burdas y los pensamientos conceptuales burdos que surgen como resultado de creer que estas apariencias son ciertas. La señal de que el cuarto de los aires burdos comienza a disolverse es la *apariencia semejante a la luz de la llama de una vela*, que es como la llama estable y erguida de una vela en una habitación sin corrientes de aire. También la intensidad de su percepción puede tener tres grados.

Cuando el aire del elemento tierra se disuelve en el canal central y, por lo tanto, disminuye su poder, puede parecer que el elemento agua aumenta porque a medida que un elemento se debilita, se percibe el siguiente con mayor claridad. Por esta razón, cuando el aire del elemento tierra se disuelve en el canal central suele decirse que «el elemento tierra se disuelve en el elemento agua». Del mismo modo, las siguientes disoluciones suelen describirse como «el elemento agua disolviéndose en el elemento fuego», «el elemento fuego en el elemento aire» y «el elemento aire en la consciencia».

Al finalizar la apariencia semejante a la llama de una vela, todas las mentes conceptuales burdas dejan de funcionar porque los aires sobre los que montan ya se han disuelto y desaparecido. Cuando el meditador ha completado la disolución del cuarto aire, surge la primera mente sutil –la mente de apariencia blanca–. Con esta mente, el meditador percibe una apariencia de blancura, como la luz brillante de la luna que llena el cielo vacío en una noche clara de otoño. La intensidad de percepción de esta apariencia también puede tener tres grados según la capacidad del meditador.

En este momento, la mente está completamente libre de concepciones burdas, como las ochenta concepciones indicativas que se enumeran en *La luz clara del gozo*, y lo único que percibe es un espacio blanco vacío. Los seres ordinarios también tienen esta percepción, por ejemplo, al morir, pero no son capaces de reconocerla ni de mantenerla porque en esta fase su retentiva mental burda ha dejado de funcionar. No obstante, aunque en esta fase no tengan memoria burda, los practicantes que se adiestran correctamente en las prácticas del tantra de la etapa de la consumación, a diferencia de los seres ordinarios, pueden utilizar la retentiva mental sutil que han cultivado con la meditación para reconocer y mantener la apariencia blanca.

Cuando se disuelve el aire sutil sobre el que monta la mente de apariencia blanca, surge la mente del rojo creciente. Esta mente y el aire sobre el que monta son más sutiles que los de apariencia blanca. La señal que se produce cuando surge esta mente es una apariencia como la luz rojiza del sol que impregna el cielo vacío, y la claridad de su percepción también puede tener tres grados.

Cuando se disuelve el aire sutil sobre el que monta la mente del rojo creciente, surge la mente negra del logro cercano. Esta mente y el aire sobre el que monta son incluso más sutiles que los anteriores. La mente negra del logro

Gyalgua Ensapa

cercano tiene dos partes: la superior y la inferior. En la superior todavía hay retentiva mental sutil, pero en la inferior se pierde por completo y se experimenta una inconsciencia abrumadora, como la de un desmayo profundo. En este momento parece como si estuviéramos muertos.

La señal que se produce cuando se manifiesta la mente negra del logro cercano es una apariencia como un cielo negro y vacío. Esta apariencia se corresponde con la parte superior de la mente negra del logro cercano y se percibe justo después de finalizar la mente del rojo creciente. A medida que avanza la experiencia de la mente negra del logro cercano y nos acercamos a la pérdida total de consciencia, nuestra retentiva mental sutil va disminuyendo hasta cesar. Cuanto más intensa sea la disolución del aire en el canal central, más profundo será nuestro estado de inconsciencia durante la mente negra del logro cercano; y cuanto más inconscientes quedemos en ese momento, más vívida será la apariencia de luz clara que viene a continuación. Esto es similar a la experiencia de una persona en un cuarto oscuro; cuanto más tiempo permanezca allí, más claro le parecerá el mundo exterior cuando salga. Por lo tanto, el grado de luminosidad dependerá de la profundidad y duración de la oscuridad anterior.

Cuando el aire sutil sobre el que monta la mente negra del logro cercano se disuelve, aparece la mente de luz clara. Esta mente y el aire sobre el que monta son los más sutiles. La señal que se produce cuando surge esta mente es una apariencia como la del cielo de otoño al amanecer –vacía y de inmaculada claridad–.

Cuando aparece la mente de luz clara, se recupera una retentiva mental muy sutil dependiendo de la destreza del meditador. La mente muy sutil y el aire muy sutil sobre el que monta residen en la gota indestructible en el centro del chakra del corazón. Por lo general, la mente muy sutil no funciona, pero durante la luz clara se activa y manifiesta. Si nos adiestramos en las prácticas del tantra de la etapa de consumación y llegamos a dominarlas, podremos reconocer y mantener la apariencia de luz clara. Finalmente, si aprendemos a utilizar la retentiva mental muy sutil que recuperamos en esta etapa, podremos enfocar nuestra mente muy sutil en la vacuidad y de este modo utilizar la mente de luz clara para alcanzar el Cuerpo de la Verdad de un Buda.

No existe ninguna mente más sutil que la de luz clara. Durante las cuatro primeras apariencias (la semejante a un espejismo, la semejante al humo, la semejante a luciérnagas chispeantes y la semejante a la luz de la llama de una vela), se disuelven los aires burdos; y durante las tres siguientes (la blanca, la del rojo creciente y la negra del logro cercano), se disuelven los aires sutiles. A continuación, con la apariencia de luz clara, la mente muy sutil y el aire sobre el que monta se activan y manifiestan, pero no se disuelven porque son indestructibles. Después de la muerte, simplemente viajan a la próxima vida.

De los tres aires sutiles sobre los que montan las tres mentes sutiles, el menos sutil es aquel sobre el que monta la mente de apariencia blanca. Esta mente se denomina *apariencia blanca* porque solo percibe la apariencia de un espacio blanco vacío. Se dice que es *vacío* porque la mente de apariencia blanca percibe este espacio blanco como vacío. En esta etapa, la apariencia de blancura y la de vacío tienen la misma intensidad.

Cuando el aire sobre el que monta la mente de apariencia blanca se disuelve, surge la segunda de las tres mentes sutiles, la del rojo creciente. El aire sobre el que monta esta mente es más sutil que el de la mente de apariencia blanca. Esta mente se denomina *rojo creciente* porque aumenta la apariencia del espacio rojo. También se denomina *muy vacío* porque la apariencia de vacío es más intensa que la de la mente anterior. En esta etapa, la apariencia de vacío es más intensa que la de rojo.

Cuando el aire sobre el que monta la mente del rojo creciente se disuelve, aparece la tercera mente sutil, la mente negra del logro cercano. Esta mente se denomina *logro cercano* porque la experiencia de luz clara está muy próxima. También se denomina *gran vacío* porque la apariencia de vacío es incluso mayor que la de la mente anterior.

Cuando el tercer aire sutil, sobre el que monta la mente negra del logro cercano, se disuelve, aparece la mente de luz clara. Se denomina *luz clara* porque su naturaleza es muy lúcida y clara, y percibe una apariencia como la luz de un amanecer otoñal. También se denomina *vacío total* porque está vacía de todos los aires burdos y sutiles, y solo percibe una apariencia vacía. El objeto de la mente de luz clara tiene una apariencia similar al percibido por un Ser Superior en meditación estabilizada sobre la vacuidad. Las cuatro mentes juntas, la de apariencia blanca, la del rojo creciente, la negra del logro cercano y la de luz clara, se denominan *cuatro vacíos*.

Un meditador de la etapa de consumación con elevadas realizaciones tendrá una experiencia muy vívida de luz clara y será capaz de mantenerla durante mucho tiempo. El grado de intensidad de nuestra experiencia de luz clara dependerá de lo vívidas que hayan sido las siete apariencias anteriores, lo cual dependerá a su vez del nivel de disolución de los aires en el canal central. Si los aires internos se disuelven con mucha fuerza, el meditador tendrá una experiencia vívida de todas las apariencias y podrá prolongarlas. Cuanto más tiempo logremos mantener la experiencia de cada apariencia, más tiempo podremos permanecer en la de luz clara.

Si una persona fallece de manera violenta, estas experiencias se sucederán con rapidez, pero si la muerte es lenta o natural, percibirá las apariencias, desde la del espejismo hasta la de luz clara, de manera gradual y durante más tiempo. Si hemos alcanzado la realización de la luz clara ejemplar última, nuestras experiencias de estas apariencias mientras permanecemos en profunda concentración serán las mismas que las que tendremos al morir. Además, si nos hemos adiestrado bien en las meditaciones descritas con anterioridad, podremos meditar en la vacuidad durante los cuatro vacíos, excepto durante el período de inconsciencia o desmayo de la mente negra del logro cercano.

Para percibir los cuatro vacíos con la misma claridad que durante el proceso de la muerte, hemos de ser capaces de disolver todos los aires en la gota indestructible en el centro del chakra del corazón. Si se disuelven en otro chakra del canal central, como el del ombligo, experimentaremos apariencias similares, pero serán artificiales. No serán como las que se perciben cuando los aires se disuelven en la gota indestructible, como ocurre en el momento de la muerte.

Aunque un meditador avanzado puede mantener la mente de luz clara durante mucho tiempo, tarde o temprano deberá seguir adelante. Cuando surgimos de esta mente, experimentamos la mente negra del logro cercano del orden inverso. A continuación, aparecerán una detrás de otra la mente del rojo creciente, la de apariencia blanca, las ochenta mentes conceptuales burdas y las de la apariencia semejante a la luz de la llama de una vela, etcétera, puesto que lo hacen en orden inverso al que se disolvieron anteriormente.

Por lo tanto, la mente de luz clara es el fundamento de todas las demás. Cuando las mentes burdas y sutiles, y los aires sobre los que montan, se disuelven en la gota indestructible en el corazón, solo se manifiesta la mente de luz clara, y luego, a partir de ella, surgen las demás, cada una más burda que la anterior.

Estas secuencias en orden directo e inverso las experimentan los seres ordinarios durante la muerte y las etapas iniciales de su siguiente renacimiento, y también los practicantes cualificados de la etapa de consumación. Debido a que los seres iluminados han alcanzado la cesación permanente de los siete aires mencionados, solo experimentan la mente muy sutil de luz clara, e incluso su compasión y bodhichita forman parte de esta mente.

¿Qué es el Mahamudra?

Mahamudra es una palabra sánscrita. *Maha* significa 'grande', y se refiere al gran gozo, y *mudra* en este contexto significa 'no engañoso', y se refiere a la vacuidad. Mahamudra es la unión del gran gozo y la vacuidad. El *Mahamudra del tantra* se define como «la mente de luz clara completamente cualificada que experimenta gran gozo y realiza la vacuidad de manera directa». Puesto que la vacuidad se presenta con detalle en las enseñanzas del sutra de Buda y forma parte del Mahamudra, en algunos textos se dice que es el *Mahamudra del sutra*, pero el verdadero Mahamudra es una realización del yoga del tantra supremo.

El Mahamudra es la esencia de las enseñanzas de Buda. Debido a que las enseñanzas de Yhe Tsongkhapa Losang Dragpa, manifestación del Buda de la Sabiduría, contienen instrucciones claras y correctas sobre el Mahamudra del tantra, el erudito Guntang, en su *Oración para que la doctrina de Yhe Tsongkhapa florezca*, dice:

> «La unión de la vacuidad que se expone en la senseñanzas del sutra de Buda
> y el gran gozo que se expone en sus enseñanzas tántricas
> son la esencia de las ochenta y cuatro mil enseñanzas de Buda.
> Que la doctrina del Conquistador Losang Dragpa florezca sin cesar».

La naturaleza del Mahamudra es una luz clara completamente cualificada. Como se mencionó con anterioridad,

Khedrub Sangye Yeshe

la luz clara puede experimentarse a diferentes niveles según el grado de disolución de los aires internos en el canal central. La realización del gran gozo que se obtiene cuando los aires internos entran, permanecen y se disuelven en el canal central antes de alcanzar la luz clara completamente cualificada es la primera de las cinco fases de la etapa de consumación. Esta fase se denomina *cuerpo y palabra aislados de la etapa de consumación* porque en ella el practicante queda libre o aislado de apariencias y concepciones burdas y ordinarias del cuerpo y la palabra.

La mente de luz clara completamente cualificada que experimenta gran gozo y realiza la vacuidad por medio de una imagen genérica se denomina *luz clara ejemplar última*. Esta realización se llama *última* porque es una luz clara completamente cualificada, y *ejemplar* porque al tomar esta realización como ejemplo, el practicante comprende que puede alcanzar la mente de luz clara completamente cualificada que experimenta el gran gozo y realiza la vacuidad de manera directa, que se denomina *luz clara significativa*. La realización de la luz clara ejemplar última es la segunda de las cinco fases de la etapa de consumación. También se llama *mente aislada* porque en esta fase el practicante queda libre o aislado de apariencias y concepciones burdas y ordinarias de la mente.

Cuando el practicante surge de la concentración de la luz clara ejemplar última, su aire indestructible –o cuerpo que reside de manera continua– se transforma en el cuerpo ilusorio. Este es un cuerpo divino cuya naturaleza es luz de sabiduría y cuyo aspecto es el de una Deidad iluminada, como Heruka. El color del cuerpo ilusorio es blanco. La realización de este cuerpo ilusorio es la tercera de las cinco fases de la etapa de consumación, y se denomina *cuerpo ilusorio de la tercera fase*.

El practicante que ha alcanzado el cuerpo ilusorio de la tercera fase medita en la vacuidad una y otra vez con su mente gozosa de luz clara hasta que realiza de manera directa la vacuidad de todos los fenómenos. Entonces, alcanza la *luz clara significativa*, una mente de luz clara completamente cualificada que experimenta gran gozo y realiza de manera directa la vacuidad de todos los fenómenos. Esta realización de la luz clara significativa es la cuarta de las cinco fases de la etapa de consumación, y se denomina *luz clara significativa de la cuarta fase*. Los términos *luz clara significativa* y *Mahamudra del tantra* son sinónimos.

Cuando el practicante surge de la concentración de la luz clara significativa, alcanza el cuerpo ilusorio puro y abandona por completo las concepciones ordinarias junto con todas las demás perturbaciones mentales. Cuando este practicante manifieste de nuevo la luz clara significativa, alcanzará la unión de la luz clara significativa y el cuerpo ilusorio puro. La realización de esta unión es la última de las cinco fases de la etapa de consumación, y se denomina *unión de la quinta fase*. Posteriormente en esta fase el practicante alcanza la verdadera iluminación, el camino de No Más Aprendizaje o Budeidad.

Como ya se ha mencionado, el Mahamudra es la unión del gran gozo y la vacuidad. Esto significa que el Mahamudra del tantra es una sola mente que es al mismo tiempo gozo y sabiduría: experimenta gran gozo y realiza la vacuidad de manera directa. El Mahamudra del tantra es una acumulación de méritos, que es la causa principal para alcanzar el Cuerpo de la Forma de un Buda, y es una acumulación de sabiduría, que es la causa principal para alcanzar el Cuerpo de la Verdad o *Dharmakaya* de un Buda. Cuando nos adiestramos en las meditaciones del Mahamudra del tantra, transformamos nuestro cuerpo y mente que residen de manera continua en el Cuerpo de la Forma y el Cuerpo de la Verdad de un Buda. Por lo tanto, el Mahamudra del tantra da un extraordinario sentido a nuestra vida.

GRAN GOZO

Puesto que el gozo que Buda presenta en la etapa de consumación del tantra no se puede comparar con ninguna otra clase de gozo, se denomina *gran gozo*.

Por lo general, hay muchas clases de gozo. Por ejemplo, los seres ordinarios en ocasiones experimentan un cierto placer al realizar el acto sexual, y los meditadores cualificados, como resultado de su concentración pura, generan el gozo especial de la flexibilidad durante la meditación profunda, en particular cuando alcanzan la permanencia apacible y realizan la concentración de la absorción de la cesación. Además, cuando los practicantes de Dharma, gracias a su adiestramiento en la disciplina moral, concentración y sabiduría superiores, alcanzan la paz interior permanente al liberarse del aferramiento propio, experimentan un gozo profundo de paz interior día y noche, vida tras vida. Buda menciona estas clases de gozo en sus enseñanzas del sutra. Sin embargo, el gozo de la etapa de consumación – el gran gozo– es muy diferente de todos estos y es superior a ellos. Esta clase de gozo está dotado de dos cualidades especiales: 1) su naturaleza es un gozo que surge al fundirse las gotas en el canal central y 2) su función es eliminar las apariencias ordinarias o duales. Solo esta clase de gozo posee estas dos cualidades.

Aparte de los Budas, solo los seres humanos que se adiestran en las prácticas del tantra del yoga supremo pueden experimentar este gozo especial. Ni siquiera los Bodhisatvas superiores que residen en las tierras puras pueden disfrutar de él porque, aunque poseen elevadas realizaciones, sus cuerpos carecen de las condiciones físicas necesarias para generarlo. ¿Cuáles son estas condiciones? Los tres elementos que recibimos de la madre –carne, piel y sangre– y los tres que obtenemos del padre –hueso, médula y esperma–. Estos seis elementos son esenciales para generar este gozo, que constituye el camino rápido hacia la

Budeidad. Buda mostró a los seres humanos las enseñanzas tántricas porque disponemos de estos seis elementos. Por lo tanto, desde este punto de vista somos más afortunados que los elevados Bodhisatvas que renacen en las tierras puras y están rodeados de innumerables disfrutes. Se dice que estos Bodhisatvas rezan para renacer en el reino humano y poder encontrar un maestro vajra cualificado y practicar el camino rápido hacia la iluminación. En su *Canción de la reina de la primavera*, Yhe Tsongkhapa dice que sin la experiencia de este gozo es imposible alcanzar la liberación en una sola vida. Por lo tanto, es evidente que sin él tampoco se puede alcanzar la iluminación total en el transcurso de una sola vida.

Si generamos y mantenemos este gozo con las meditaciones de la etapa de consumación, podemos transformar nuestro apego en un método especial para completar el camino rápido hacia la iluminación. Mientras no generemos este gozo, nuestro apego nos hará renacer en el samsara, pero cuando lo hagamos nos liberará de él en poco tiempo. La causa de la existencia cíclica es nuestra mente de aferramiento propio. Según las enseñanzas del tantra del yoga supremo, el aferramiento propio depende del aire interno sobre el que va montado, que fluye por los canales laterales. En el caso de los seres humanos, sin este aire interno, el aferramiento propio no puede surgir. A medida que vayamos aumentando el gozo de la etapa de consumación, iremos reduciendo los aires internos que fluyen por los canales laterales hasta que finalmente cesen por completo. Cuando lo hagan, nuestro aferramiento propio desaparecerá y habremos alcanzado la liberación del samsara.

De lo dicho se deduce que solo siguiendo el camino del sutra no es posible alcanzar la liberación, y mucho menos la iluminación total. Las enseñanzas del tantra del yoga supremo revelan la intención última de Buda, y las del sutra son la base. Aunque existen numerosas descripciones sobre cómo alcanzar la liberación o el nirvana en las enseñanzas del sutra, si las analizamos con detalle, es muy difícil comprender cómo hacerlo. *Nirvana* significa 'estado más allá del dolor' –la cesación permanente del aferramiento propio junto con el aire sobre el que va montado–, y su naturaleza es la vacuidad. Si no conocemos las enseñanzas tántricas y alguien nos pide que expliquemos con detalle cómo alcanzar el nirvana, no podremos dar una contestación apropiada. Yhe Tsongkhapa dijo que la respuesta completa solo puede hallarse en las enseñanzas tántricas.

El gozo que se genera cuando se derriten las gotas en otros canales que no son el central carece de cualidades especiales. Por ejemplo, cuando los seres ordinarios realizan el acto sexual, los aires descendentes evacuadores ascienden y ello hace incrementar el fuego interno o *tummo* ordinario en sus canales laterales, principalmente en el izquierdo. Como resultado de ello, las gotas rojas de la mujer y las blancas del hombre se funden y fluyen por este canal. El fluir de las gotas hace que experimenten cierto gozo, aunque efímero, ya que éstas se derramarán enseguida fuera del canal. Cuando esta breve experiencia de gozo cesa, no les queda nada, excepto tal vez un bebé.

En cambio, cuando el practicante tántrico cualificado se adiestra en las meditaciones de la etapa de consumación expuestas con anterioridad, consigue que sus aires internos entren, permanezcan y se disuelvan en el canal central, provocando así el ascenso del aire descendente evacuador, que se encuentra justo debajo del ombligo. Normalmente la función de este aire es derramar las gotas, pero en este caso asciende por el canal central y hace que el fuego interno del *chakra* del ombligo aumente y, por lo tanto, que las gotas se fundan y fluyan también por este canal.

Si el meditador es un practicante de una Deidad masculina, la gota blanca comienza a descender desde la coronilla, y cuando llega a la garganta, experimenta un gozo especial dotado de las dos cualidades mencionadas. A me-

Panchen Losang Chokyi Gyaltsen

dida que la gota desciende hacia el corazón, el gozo se intensifica y es más cualificado; al descender hacia el ombligo, el gozo sigue creciendo y se vuelve aún más cualificado; y, finalmente, al descender hacia la punta del órgano sexual, el practicante experimenta el gran gozo espontáneo –el gran gozo de la etapa de consumación–. Debido a que los aires descendentes evacuadores ascienden, la gota no se derrama, sino que fluye hacia arriba por el canal central induciendo en el *yogui* la experiencia de un gozo aún mayor. Esta clase de practicante nunca derrama sus gotas, sino que hace que fluyan hacia arriba y hacia abajo dentro del canal central durante largos períodos de tiempo produciéndole un gozo inagotable. Además, este meditador puede manifestar este gozo en cualquier momento con solo penetrar su canal central gracias al poder de la concentración.

A medida que el gozo se intensifica, nuestra mente se vuelve más sutil: se apacigua gradualmente, las distracciones conceptuales desaparecen y experimentamos una flexibilidad muy especial. Esta mente es infinitamente superior a la experiencia de la permanencia apacible que se describe en las enseñanzas del sutra. Además, al mismo tiempo que nuestra mente se vuelve más sutil, nuestras apariencias duales se debilitan, y finalmente se transforma en la mente muy sutil de la luz clara del gozo, que es una realización muy elevada. Cuando la luz clara del gozo se concentra en la vacuidad, se funde con ella fácilmente, puesto que la apariencia dual se ha debilitado en gran medida. Finalmente realizamos la vacuidad de manera directa, la sensación que antes teníamos de que el gozo y la vacuidad eran dos cosas diferentes desaparece, y sentimos que ahora su naturaleza es la misma. Esta mente es la unión del gran gozo y la vacuidad, la luz clara significativa.

El primer momento de la realización de la unión del gran gozo y la vacuidad es el camino de la visión del tantra del yoga supremo. Aunque no es más que el camino de la visión, tiene el poder de eliminar tanto las perturbaciones mentales adquiridas intelectualmente como las innatas. En el momento siguiente, cuando el practicante surge de la concentración de la unión del gozo y la vacuidad, ha abandonado todas las perturbaciones mentales y ha alcanzado la liberación. Al mismo tiempo alcanza el cuerpo ilusorio puro. A partir de entonces el practicante posee un cuerpo vajra que no experimenta el envejecimiento, las enfermedades ni la muerte.

Como ya se ha mencionado, el cuerpo que el practicante utilizaba cuando era un ser ordinario era el recibido de sus padres. Normalmente decimos: «Mi cuerpo, mi cuerpo», como si este cuerpo burdo nos perteneciera, pero en realidad no es nuestro, sino que lo hemos adquirido de otras personas. Cuando el meditador tántrico alcanza el cuerpo vajra, manifiesta su propio cuerpo, y al percibirlo piensa: «Yo». En ese momento se convierte en una persona inmortal.

Desde tiempo sin principio hemos tenido un cuerpo, una palabra y una mente muy sutiles. Estos son el cuerpo, palabra y mente que residen de manera continua y que constituyen nuestra auténtica naturaleza de Buda. La naturaleza de Buda que se menciona en el sutra no es la verdadera porque es un objeto burdo que cesa; la auténtica solo se revela en el tantra del yoga supremo. Normalmente, en el caso de los seres ordinarios, su cuerpo, palabra y mente muy sutiles solo se manifiestan durante los procesos del dormir y de la muerte. Aunque, por lo general, no se manifiesten, nuestro cuerpo, palabra y mente muy sutiles son las semillas del cuerpo, palabra y mente de un Buda, respectivamente.

Como ya se ha mencionado, el cuerpo muy sutil es el aire interno muy sutil sobre el que va montada la mente muy sutil. Este cuerpo y mente muy sutiles permanecen siempre unidos. Puesto que su naturaleza es la misma y nunca se separan, se denominan *aire indestructible* y *mente indestructible*, respectivamente. La unión del aire y la mente indestructibles reside normalmente en el interior de la gota indestructible, dentro del chakra del corazón en el canal central.

Nuestra mente muy sutil solo se manifiesta cuando todos nuestros aires internos se disuelven en el canal central. Entonces, vamos experimentando las ocho señales descritas con anterioridad a medida que pasamos por los diferentes niveles de disolución. Finalmente, en el último nivel de disolución se manifiestan la mente muy sutil de luz clara y el cuerpo muy sutil al mismo tiempo.

Durante el proceso de la muerte, los aires internos se disuelven de manera natural y por completo en el canal central, y aunque la mente y el cuerpo muy sutiles se manifiestan también de forma natural, no podemos reconocerlos. No obstante, con la práctica de las meditaciones de la etapa de consumación expuestas con anterioridad podemos manifestar nuestro cuerpo y mente muy sutiles durante la meditación. Hasta que no alcancemos la realización del cuerpo ilusorio, nuestro cuerpo muy sutil no tendrá un color ni forma definitivos. Cuando alcanzamos la unión del gozo y la vacuidad, nuestra mente muy sutil se transforma en la luz clara significativa, y cuando surgimos de esa meditación, nuestro cuerpo muy sutil se convierte en el cuerpo vajra –el cuerpo ilusorio puro–, cuya forma, color, etcétera, son definitivos.

Por ejemplo, si somos practicantes de Heruka, cada vez que nos generemos como esta Deidad, con un cuerpo de color azul, cuatro rostros, doce brazos, etcétera, estamos creando las bases para alcanzar el cuerpo ilusorio. En el futuro, cuando nuestro cuerpo muy sutil se transforme en el cuerpo ilusorio, tendrá el aspecto del verdadero Heruka. Aunque antes solo era un cuerpo imaginado, ahora será el verdadero. Por esta razón es importante que nos adiestremos con sinceridad en la etapa de generación.

Cuando alcancemos el cuerpo ilusorio puro, no consideraremos nuestro cuerpo burdo como nuestro verdadero cuerpo. Las bases para designar nuestro yo habrán cambiado por completo. Entonces designaremos nuestro yo sobre nuestro cuerpo sutil. Cuando alcancemos este logro, seremos inmortales porque nuestro cuerpo y mente nunca volverán a separarse. La muerte es la separación permanente del cuerpo y la mente, pero el cuerpo y la mente de aquellos que han alcanzado el cuerpo ilusorio nunca se separan porque son indestructibles. Finalmente, nuestro cuerpo ilusorio puro se transformará en el Cuerpo de la Forma de un Buda, y nuestra unión del gozo y la vacuidad, en el Cuerpo de la Verdad de un Buda, y experimentaremos la unión de los Cuerpos de la Forma y de la Verdad de un Buda, la Unión de No Más Aprendizaje.

Shantideva, en el capítulo sobre los beneficios de la mente de bodhichita de su *Guía de las obras del Bodhisatva*, dice:

> «Al igual que el elixir supremo transmuta [metales]
> en oro,
> la bodhichita puede transformar nuestro cuerpo impuro
> en la joya incomparable del cuerpo de un Buda.
> Por lo tanto, mantén la bodhichita con firmeza».

En este contexto, *elixir* se refiere a una sustancia especial con la que se puede convertir el hierro en oro, como solían hacer los grandes maestros, como Nagaryhuna. En esta estrofa se indica que la mente de bodhichita es un método especial y que como elixir supremo tiene el poder de transformar nuestro cuerpo impuro en el Cuerpo de la Forma de un Buda. ¿Cómo es posible? Según el sutra, el practicante no puede alcanzar la iluminación en una sola vida, sino que debe adiestrarse en el Dharma durante muchas vidas hasta que consigue renacer en la tierra pura de Akanishta con un cuerpo puro, que es el único con el que puede alcanzar la Budeidad. No hay ningún método ni en el sutra ni en el tantra con el que podamos transformar el cuerpo impuro que tenemos en el de un Buda. Tarde o temprano este cuerpo impuro debe perecer y hemos de dejarlo atrás. Incluso el sagrado Buda Shakyamuni tuvo que abandonar al morir el cuerpo burdo que obtuvo de sus padres. Por lo tanto, si nos preguntamos cómo la bodhichita puede transformar este cuerpo impuro en el cuerpo de un Buda, en las enseñanzas del sutra no encontraremos la respuesta, puesto que en ellas se dice que el cuerpo burdo es el verdadero y no se menciona el cuerpo sutil o vajra.

Sin embargo, según las enseñanzas tántricas, se puede responder a esta pregunta de la siguiente manera. El cuerpo al que Shantideva se refiere no es el burdo, sino nuestro propio cuerpo, el que reside de manera continua, es decir, el aire interno muy sutil sobre el que monta nuestra mente muy sutil. De momento es impuro porque está oscurecido por las perturbaciones mentales y otras obstrucciones, como un cielo azul cubierto de nubes. Estas impurezas no constituyen la naturaleza de nuestro cuerpo sutil, sino solo sus obstrucciones temporales. El método para transformar este cuerpo impuro en el Cuerpo de la Forma de un Buda no consiste en adiestrarse en la bodhichita convencional, sino en la bodhichita última del tantra del yoga supremo –la unión del gran gozo y la vacuidad–. Esta bodhichita última puede transformar directamente nuestro cuerpo que reside de manera continua en el cuerpo ilusorio puro y, finalmente, en el Cuerpo de la Forma de un Buda. Puesto que Shantideva era un practicante tántrico sincero, podemos tener la certeza de que este es el significado de esta estrofa.

Como se mencionó con anterioridad, para generar el gozo que posee las dos cualidades especiales es necesario reunir y disolver los aires internos en el canal central. Hay dos maneras de conseguirlo: penetrando nuestro cuerpo o penetrando el cuerpo de otra persona.

Comencemos con el primer método. En este contexto, *cuerpo* se refiere a nuestro cuerpo vajra –nuestros canales, gotas y aires internos–, y *penetrar* significa 'concentrarse en ellos', como ya se ha explicado. La meditación en el canal

Drubchen Gendun Gyaltsen

central se denomina *yoga del canal central*; la meditación en las gotas, *yoga de la gota*; y la de los aires internos, *yoga del aire interno*.

Penetrar el cuerpo de otra persona significa practicar con la ayuda de un consorte o *mudra* de acción realizando el acto sexual. No obstante, por el mero hecho de penetrar el cuerpo de otra persona no lograremos reunir nuestros aires internos en el canal central, a no ser que tengamos experiencia en los yogas de este canal, de la gota y del aire interno o estemos familiarizados con ellos. El momento adecuado para practicar con un mudra de acción es cuando hayamos adquirido experiencia en estos yogas. Es muy importante respetar este orden.

Solo hay diez puertas por las que los aires internos pueden entrar en el canal central. Estas se encuentran a lo largo del canal central en los siguientes lugares:

1. El extremo superior del canal central: el entrecejo.
2. El extremo inferior: la punta del órgano sexual.
3. El centro de la rueda de canales o chakra de la coronilla: en la cima del cráneo.
4. El centro del chakra de la garganta: en su parte posterior.
5. El centro del chakra del corazón: entre los dos pechos.
6. El centro del chakra del ombligo.
7. El centro del chakra del lugar secreto: unos cuatro dedos por debajo del ombligo.
8. El centro del chakra de la joya: en el centro del órgano sexual, cerca de la punta.
9. La rueda del aire: el centro del chakra de la frente.
10. La rueda del fuego: el centro de la rueda de canales situada entre los chakras de la garganta y del corazón.

Al igual que podemos entrar en una casa por cualquiera de sus puertas exteriores, los aires internos pueden entrar en el canal central por cualquiera de estas diez puertas.

En realidad, el canal central es un solo canal, pero está dividido en varias secciones: el canal central del chakra de la coronilla, el del chakra de la garganta, el del chakra del corazón, el del chakra del ombligo, etcétera. Puesto que estas son las distintas puertas, el practicante que desee reunir sus aires internos en el canal central debe elegir uno de estos puntos y concentrarse en él.

En *La luz clara del gozo* se dan instrucciones sobre cómo introducir los aires internos en el canal central por la sexta puerta, el centro del chakra del ombligo. Para ello, visualizamos nuestro fuego interno dentro de este chakra bajo el aspecto de la sílaba AH-corta y meditamos en ella. Esta es una de las prácticas comunes de los seis yogas de Naropa. Originalmente fue Buda Vajradhara quien la expuso en el *Tantra raíz de Hevajra*, y a partir de entonces numerosos practicantes *kagyupas*, como Milarepa y sus discípulos, y posteriormente muchos seguidores de Yhe Tsongkhapa, la han utilizado también. Sin embargo, según las instrucciones del linaje oral de Ganden, existe una práctica extraordinaria del Mahamudra del tantra. Se trata de una práctica del Mahamudra muy especial que Yhe Tsongkhapa recibió directamente de Manyhushri, y este, a su vez, directamente de Buda. El linaje de este yoga fue transmitido a Togden Yhampel Gyatso, Baso Chokyi Gyaltsen, el Mahasidha Dharmavajra y otros grandes maestros. La lista completa de los *Gurus* del linaje de esta enseñanza tan especial se presenta en las sadhanas *La gran liberación de la Madre* y *La gran liberación del Padre*. Estos Guías Espirituales son los Gurus del linaje cercano.

En esta práctica del Mahamudra del tantra, de las diez puertas por las que se puede entrar en el canal central, elegimos la del chakra del corazón. Este yoga se menciona en la sadhana *Ofrenda al Guía Espiritual*, que constituye la práctica preliminar extraordinaria del Mahamudra del tantra según la tradición de Yhe Tsongkhapa. En esta sadhana se dice:

«Ruego tus bendiciones, ¡oh Protector!, para que pongas tus pies
en el centro del loto de ocho pétalos de mi corazón,
para poder manifestar en esta misma vida
los caminos del cuerpo ilusorio, la luz clara y la unión».

En esta estrofa, en realidad se revela que penetrar el canal central del chakra del corazón, la gota y el aire interno indestructibles –los tres yogas que se han expuesto–, son meditaciones del cuerpo aislado. Estas nos conducen a las meditaciones de la palabra aislada y de la mente aislada, que a su vez nos llevan a las del cuerpo ilusorio, la luz clara significativa y la unión.

Puesto que penetrar la gota indestructible en el corazón y concentrarse en ella es un poderoso método para alcanzar las realizaciones de la etapa de consumación, Buda Vajradhara alaba esta práctica en su *Ambhidana Tantra*, en el que dice:

«Aquellos que meditan en la gota
que siempre permanece en el corazón
de manera convergente y sin cambiar,
sin duda alcanzarán realizaciones».

El Mahasidha Ghantapa también aconsejaba realizar esta meditación. Por lo tanto, nuestra práctica extraordinaria del Mahamudra del tantra comienza con la meditación en el canal central del chakra del corazón.

Ninguna otra tradición posee la transmisión oral, las enseñanzas y el linaje de esta instrucción extraordinaria. Podemos comprobar en la lista de los Gurus de este linaje que todos ellos eran discípulos de Yhe Tsongkhapa. Togden Yhampel Gyatso, el Mahasidha Dharmavajra, Gyalgua Ensapa y sus numerosos discípulos alcanzaron el Mahamudra que es la Unión de No Más Aprendizaje o Budeidad en tres años, gozosamente y sin dificultades. Entraron en el camino, avanzaron por él y lo completaron en unos tres años.

En el pasado, numerosos practicantes, como Milarepa, tuvieron que trabajar duramente para poder vivir en retiro. Milarepa experimentó innumerables dificultades y vivió aislado en lugares inhóspitos durante muchos años, pero era un meditador con una paciencia y determinación extraordinarias, un hombre de gran fortaleza interior y voluntad de hierro. Gracias a ello alcanzó elevadas realizaciones, puesto que de lo contrario no habría podido soportar tales dificultades. ¿Por qué tuvo que trabajar tanto y durante tanto tiempo cuando posteriormente otros practicantes, como el Mahasidha Dharmavajra y Gyalgua Ensapa, consiguieron alcanzar la iluminación con rapidez y facilidad? La única razón es que estos últimos recibieron las enseñanzas extraordinarias de Yhe Tsongkhapa, que poseen muchas bendiciones y son muy sencillas de poner en práctica. Gracias a ellas podían solucionar todos sus problemas con facilidad y les resultaba fácil avanzar espiritualmente y alcanzar la Budeidad con rapidez.

Se dice que miles de discípulos de Yhe Tsongkhapa alcanzaron el cuerpo inmortal vajra –el cuerpo ilusorio puro– sin haber sufrido penalidades como las de Milarepa. Gracias a las cualidades especiales de estas instrucciones, realizaban su práctica con alegría y sin obstáculos.

SEGUNDA PARTE

Cómo adiestrarse en el Mahamudra

Drungpa Tsondru Gyaltsen

Guía preliminar

La vida humana ordinaria no tiene verdadero significado. Muchas personas ancianas o que están a punto de morir comprenden lo vacía y vana que es la vida. A lo largo de la vida intentamos acumular infinidad de cosas, como riqueza y posesiones, pero finalmente, sin elección, todo lo que nos ha pertenecido pasará a otras personas, no podremos llevarnos nada a la próxima vida. El verdadero significado de la vida humana es encontrar y recorrer el camino correcto que conduce a la iluminación, y el sendero correcto y supremo hacia la iluminación es el tantra del yoga supremo, en particular, el Mahamudra del tantra.

La eficacia de nuestras meditaciones en el Mahamudra del tantra dependerá de que acumulemos muchos méritos y sabiduría, purifiquemos nuestras faltas y recibamos las bendiciones especiales del Buda de la Sabiduría. Estas son las guías preliminares que hacen que nuestras meditaciones sean fructíferas.

En particular, el practicante sincero debe acumular cien mil de cada una de las cuatro siguientes grandes guías preliminares: 1) refugio y bodhichita, 2) la práctica especial de confiar en el Guía Espiritual denominada *yoga del Guru*, 3) ofrecimiento del mandala y 4) meditación y recitación de Vajrasatva.

A continuación se expone cómo practicar la guía preliminar del adiestramiento en el Mahamudra en combinación con la sadhana *Gema del corazón*, que puede encontrarse en el apéndice 5.

REFUGIO

Normalmente nos refugiamos en objetos externos. Por ejemplo, cuando una persona piensa que su vida corre peligro, busca refugio en la policía. En ocasiones, por supuesto que esta puede protegernos de determinados peligros, pero no puede ofrecernos protección permanente contra la muerte. Del mismo modo, cuando estamos gravemente enfermos, buscamos la ayuda de los médicos. A veces, sin lugar a dudas pueden curarnos de ciertas enfermedades, pero ningún médico puede liberarnos por completo todas ellas. En este mundo impuro no hay verdadera protección contra el sufrimiento.

Solo alcanzando realizaciones de Dharma gracias a las bendiciones de los Budas y la ayuda de la Sangha –los practicantes espirituales puros–, podemos liberarnos de manera permanente de las enfermedades, la muerte y demás sufrimientos. Por lo tanto, solo las Tres Joyas preciosas –el Buda, el Dharma y la Sangha– son el verdadero refugio que protege permanentemente a los seres sintientes del sufrimiento. Después de realizar esta contemplación, tomamos la firme determinación de confiar con sinceridad en las Tres Joyas preciosas recitando la siguiente oración de refugio:

Yo y todos los seres sintientes nos refugiamos en Buda,
el Dharma y la Sangha
hasta que alcancemos la iluminación.

Debemos realizar todos los días la práctica de refugio con fe firme, pero como gran guía preliminar de nuestra práctica del Mahamudra podemos recitar cien mil oraciones de refugio, ya sea en la vida diaria o en retiro. Para una exposición detallada de la práctica de refugio, véanse *Guía del Paraíso de las Dakinis* y *El camino gozoso de buena fortuna*.

BODHICHITA

Bodhi significa 'iluminación', y *chita*, 'mente'. La bodhichita es la mente que desea de manera espontánea alcanzar la iluminación o Budeidad por el beneficio de todos los seres sintientes. Podemos generar este buen corazón supremo con la siguiente oración:

Que por los méritos que acumule
con la práctica de la generosidad y otras perfecciones,
alcance el estado de Buda
para poder beneficiar a todos los seres sintientes.

Generar el buen corazón supremo de la bodhichita es esencial para que nuestra práctica del Mahamudra sea eficaz. Para una exposición detallada de la bodhichita, véanse *Tesoro de contemplación* y *Transforma tu vida.*

VISUALIZACIÓN

Las instrucciones de la práctica extraordinaria del Mahamudra del tantra fueron expuestas por Manyhushri, el Buda de la Sabiduría, en la *Escritura de emanación kadam*, y se denominan *instrucciones del linaje oral de Ganden*. Según estas instrucciones, podemos acumular gran cantidad de méritos y sabiduría, purificar nuestras faltas y recibir bendiciones del Buda de la Sabiduría confiando en la asamblea de los seres sagrados de Yhe Tsongkhapa, la manifestación del Buda de la Sabiduría. Visualizamos estos seres sagrados del siguiente modo:

Ante mí en el espacio, la sabiduría de todos los Budas aparece bajo el aspecto de Yhe Tsongkhapa, cuya naturaleza es la de mi Guía espiritual, rodeado de miles de sus discípulos Bodhisatvas que alcanzaron el cuerpo ilusorio practicando las instrucciones del linaje oral de Ganden.

INVITACIÓN

Del espacio del Dharmakaya, en el corazón de Buda Maitreya, el Señor de los dioses de la Tierra Gozosa del Cielo de Tushita, su compasión por los seres sintientes de este mundo aparece bajo el aspecto de nubes blancas ondulantes que descienden en el espacio ante mí, como un ovillo de lana que se va desenredando, quedando un extremo del hilo conectado a su corazón. Al mismo tiempo, Yhe Tsongkhapa y sus discípulos Bodhisatvas descienden en el espacio ante mí, se disuelven en la asamblea visualizada y se unen de manera inseparable.

Este modo de invitar a Yhe Tsongkhapa y sus discípulos Bodhisatvas es especial porque indica que del espacio del Cuerpo de la Verdad de Maitreya, su Dharmakaya, aparecen las nubes de su compasión por todos los seres sintientes de este mundo y, como resultado, de Yhe Tsongkhapa y sus emanaciones desciende una lluvia incesante de enseñanzas de Dharma.

Según las apariencias externas, en este mundo van a aparecer mil Budas. Buda Shakyamuni fue el cuarto y Maitreya será el quinto. Al invitar a Yhe Tsongkhapa y sus discípulos Bodhisatvas de este modo, creamos una conexión especial con Buda Maitreya para poder encontrar su doctrina y conocerlo a él de manera directa cuando aparezca en este mundo.

A continuación, realizamos la siguiente visualización:

En el corazón de Yhe Tsongkhapa se encuentra Buda Shakyamuni, y en el de él, el Buda Heruka viviente.

Esto indica que Yhe Tsongkhapa no es diferente de Buda Shakyamuni o Heruka, sino que son un solo ser: Lama Losang Buda Heruka (Guru Sumati Buda Heruka).

Después de realizar esta visualización e invitación, pensamos que Lama Losang Buda Heruka está siempre presente frente a nosotros y contemplamos las cualidades preeminentes de Yhe Tsongkhapa: que su naturaleza es la síntesis de todos los Budas del pasado, presente y futuro, y que su función es concedernos la sabiduría de la luz clara ejemplar y la luz clara significativa. De este modo generamos y mantenemos una intensa fe en Lama Losang Buda Heruka. Cuando el sol de nuestra fe brilla sobre la montaña nevada de Lama Losang Buda Heruka, el agua de sus bendiciones fluye continuamente sobre nosotros, alimentándonos y sanando nuestro continuo mental.

LA PRÁCTICA DE LAS SIETE RAMAS

Las siete ramas son: 1) Ruego a los Budas y Guías Espirituales para que permanezcan junto a nosotros durante mucho tiempo, 2) postraciones, 3) ofrendas, 4) purificación, 5) regocijo en la virtud, 6) súplica a los Budas y Guías Espirituales para que giren la rueda del Dharma y 7) dedicación. En este contexto, adiestrarse en el Mahamudra del tantra es como el cuerpo principal, y la práctica de las siete ramas, como los miembros que lo mantienen. Al igual que el cuerpo no puede funcionar sin sus extremidades, la eficacia de nuestro adiestramiento en el Mahamudra depende de nuestra práctica de las siete ramas.

RUEGO A LOS GUÍAS ESPIRITUALES PARA QUE PERMANEZCAN JUNTO A NOSOTROS DURANTE MUCHO TIEMPO

En esta práctica pensamos:

Si los maestros espirituales emanados por los seres sagrados permanecen en este mundo durante muchos eones, de manera gradual todos los seres sintientes tendrán la oportunidad de escuchar, comprender y practicar el Dharma. De este modo, finalmente todos ellos, sin excepción, alcanzarán la iluminación.

A continuación rogamos a Lama Losang Buda Heruka que sus emanaciones que enseñan el Dharma permanez-

Konchog Gyaltsen

can en este mundo hasta que finalice el samsara mientras recitamos la siguiente estrofa:

Ante mí en el espacio, sobre un trono sostenido por
leones, sobre un loto y una luna,
el venerable Maestro sonríe con deleite.
¡Oh Campo supremo de Méritos para mi mente de fe!,
por favor, permanece durante cientos de eones para
difundir la doctrina.

POSTRACIONES

Postrarse ante los seres iluminados es un poderoso método para purificar nuestro karma negativo, enfermedades y obstáculos, así como para aumentar nuestros méritos, felicidad y realizaciones de Dharma. A nivel temporal, con las postraciones mejoramos nuestra salud física y nos sentimos felices, y a nivel último son la causa para alcanzar el Cuerpo de la Forma de un Buda. Generar fe en los seres sagrados es una postración mental, recitarles alabanzas es una postración verbal, y mostrarles respeto con el cuerpo es una postración física. Las postraciones físicas se pueden hacer extendiendo todo el cuerpo sobre el suelo, poniendo las rodillas, las palmas de las manos y la frente sobre el suelo o colocando las dos manos juntas a la altura del corazón, todo ello respetuosamente.

Para que nuestras postraciones ante los seres sagrados sean poderosas, imaginamos que de cada poro de nuestro cuerpo emanamos otro cuerpo, y de cada uno de sus poros emanan más cuerpos hasta que llenan el mundo entero. A continuación, mientras recitamos la siguiente estrofa, pensamos con convicción que nuestros innumerables cuerpos se postran ante Lama Losang Buda Heruka y los demás seres sagrados:

Tu mente de sabiduría realiza los objetos de conocimiento
en toda su dimensión,

tu palabra elocuente es el ornamento del oído del afortunado,
tu hermoso cuerpo resplandece con la gloria de la celebridad.
Ante ti, que verte, oírte y recordarte es tan significativo, me postro.

Debemos realizar esta práctica de postraciones todos los días. Como guía preliminar para nuestra práctica del Mahamudra podemos acumular cien mil postraciones, ya sea en la vida diaria o en retiro.

OFRENDAS

Desde lo más profundo de nuestro corazón tomamos la siguiente determinación:

Para liberar a todos los seres sintientes del sufrimiento para siempre
presento excelentes ofrendas al supremo de los seres sagrados,
Lama Losang Buda Heruka,
y a todos los demás seres sagrados.

Todas las flores y frutos que existen
y todas las diferentes clases de medicinas;
todas las joyas que hay en el mundo
y todas las aguas puras y refrescantes;

montañas de joyas, arboledas
y lugares tranquilos y alegres;
árboles celestiales adornados con flores
y otros con ramas repletas de frutos deliciosos;

perfumes procedentes de los reinos celestiales,
incienso, árboles que colman todos los deseos y árboles de joyas;
cosechas que no necesitan cultivo
y todos los ornamentos propios de ser ofrecidos;

lagos y estanques adornados con lotos,
el melodioso sonido de los gansos salvajes;
y todo aquello que no tiene dueño
en todos los mundos, infinitos como el espacio;

visualizo todo esto y lo ofrezco con el debido respeto
a los seres supremos, los Budas y Bodhisatvas.
¡Oh, Seres Compasivos!, sagrados objetos de ofrecimiento,
pensad en mí con bondad y aceptad estas ofrendas.

Por siempre ofreceré mis cuerpos
a los Budas y Bodhisatvas.
Con devoción me ofrezco como vuestro siervo;
¡oh, Héroes Supremos!, por favor, aceptadme.

Mientras imaginamos que estamos realizando todas estas ofrendas, podemos recitar la siguiente estrofa:

Ofrendas exquisitas de agua, multitud de flores,
incienso de dulce fragancia, luces, agua perfumada y
otros obsequios,
una vasta nube de ofrendas dispuestas e imaginadas,
a ti te ofrezco, ¡oh, Campo supremo de Méritos!

En budismo, una ofrenda es todo aquello que deleita a los seres iluminados. Nuestra ofrenda principal es nuestra práctica de la compasión porque es la que más agrada a los Budas. Por lo tanto, nuestra motivación para hacer ofrendas debe ser la compasión hacia todos los seres sintientes, nuestro sincero deseo de liberarlos del sufrimiento para siempre.

En resumen, hemos de considerar en todo momento nuestras prácticas diarias de Dharma como ofrendas insuperables a Lama Losang Buda Heruka –la síntesis de nuestro Guía Espiritual, Yhe Tsongkhapa, Buda Shakyamuni y Heruka– y a todos los demás seres iluminados. De este modo acumularemos incontables méritos o buena fortuna.

PURIFICACIÓN

La purificación es el método supremo para evitar el sufrimiento futuro y eliminar los obstáculos que interfieren en nuestra práctica de Dharma, en particular en la del Mahamudra del tantra. Gracias a este método nuestras acciones se vuelven puras y, por lo tanto, nosotros también. Puesto que nuestro cuerpo no es nuestro yo, no es suficiente con lavarnos, sino que debemos limpiar también nuestro yo con la práctica de la purificación.

¿Qué es lo que hemos de purificar? Las acciones perjudiciales e indebidas que hayamos cometido. En nuestras innumerables vidas pasadas hemos realizado numerosas acciones que han causado sufrimiento y problemas a los demás, y ahora, como resultado, los padecemos nosotros. Aunque estas acciones ya han sido consumadas, su potencial para causar sufrimiento y problemas todavía perdura en nuestra consciencia sutil y lo seguirá haciendo vida tras vida hasta que madure. Por lo tanto, nuestra consciencia raíz es un depósito de infinidad de potenciales negativos cuya función es conducirnos por los caminos erróneos y hacernos experimentar incesantes sufrimientos. Estos últimos constituyen un serio obstáculo para nuestra práctica de Dharma en general y del Mahamudra del tantra en particular.

Con la siguiente contemplación comprenderemos que nuestros potenciales perjudiciales son el obstáculo principal para nuestra práctica de Dharma:

En nuestras vidas pasadas hemos rechazado el sagrado Dharma de diferentes maneras y negado la existencia de los renacimientos, el karma y los logros de la liberación y la iluminación. Como resultado, ahora experimentamos dificultades para: 1) generar la intención de practicar el Dharma, 2) creer en las enseñanzas de Dharma, como el karma y 3) progresar en nuestra práctica de Dharma.

La práctica de la purificación es muy simple. Solo necesitamos contemplar las muchas desventajas de las acciones perjudiciales que hemos cometido desde tiempo sin principio. Luego, con intenso arrepentimiento, confesamos estas acciones, así como las transgresiones de nuestros votos y compromisos, a Lama Losang Buda Heruka y a todos los demás seres sagrados recitando la siguiente estrofa:

Todas las acciones viles de cuerpo, palabra y mente
que he acumulado desde tiempo sin principio,
y, en particular, las transgresiones de mis tres votos,
las confieso con mucho arrepentimiento desde lo más profundo de mi corazón.

Debemos repetir esta práctica una y otra vez. Al final de cada sesión tomamos la firme determinación de no cometer ninguna acción perjudicial ni transgredir ninguno de nuestros votos o compromisos. Como gran guía preliminar de nuestra práctica del Mahamudra del tantra podemos acumular cien mil recitaciones de esta estrofa concentrándonos en su significado o recitar cien mil veces el mantra de Vajrasatva.

REGOCIJO

Debemos aprender a regocijarnos de las acciones virtuosas de los demás, de su felicidad, cualidades y buena fortuna. Por lo general, hacemos todo lo contrario y sentimos celos. Los celos son muy perjudiciales tanto para la persona que los genera como para el resto de la sociedad. En un instante pueden acabar con nuestra felicidad y la de los demás, y provocar peleas e incluso guerras. En la vida diaria podemos comprobar cómo surgen los celos en nuestras relaciones y en lo que que se refiere a nuestro negocios, posición social y creencias religiosas, causando sufrimiento a numerosas personas. Podemos contrarrestar nuestros celos aprendiendo a regocijarnos de la bondad y felicidad de los

Panchen Losang Yeshe

demás. Esto es algo que podemos hacer incluso cuando estamos tumbados, descansando o realizando nuestras actividades diarias.

Con muy poco esfuerzo podemos acumular infinidad de buena fortuna regocijándonos de las obras excelentes de los Budas, como Yhe Tsongkhapa. Para ello podemos recitar la siguiente estrofa concentrándonos en su significado:

En esta era de degeneración te esforzaste por aprender y realizarte.
Al abandonar las ocho preocupaciones mundanas extrajiste el significado de tus dones y libertades.
¡Oh Protector!, desde lo más profundo de mi corazón
me regocijo de tu gran oleada de obras.

SÚPLICA A LOS BUDAS Y GUÍAS ESPIRITUALES PARA QUE GIREN LA RUEDA DEL DHARMA

Comenzamos esta práctica pensando lo siguiente:

Ahora tengo la oportunidad de escuchar el Dharma, comprenderlo y practicarlo, y, por lo tanto, la buena fortuna de poder entrar en el camino a la iluminación, recorrerlo y completarlo. ¡Qué maravilloso sería si todos los seres sintientes pudieran disfrutar de la misma buena fortuna!

Desde lo más profundo de nuestro corazón suplicamos varias veces a Lama Losang Buda Heruka que emane innumerables maestros espirituales que nos enseñen el sagrado Dharma y guíen a todos los seres sintientes al estado de felicidad última, la iluminación, mientras recitamos la siguiente estrofa:

De las onduladas nubes de sabiduría y compasión
en el espacio de vuestros Cuerpos de la Verdad,
¡oh venerables y sagrados Maestros!,
enviad, por favor, una lluvia de vasto y profundo Dharma apropiado para los discípulos de este mundo.

DEDICACIÓN

Cuando realicemos cualquier acción virtuosa, debemos dedicarla para el logro de la iluminación y para que la doctrina de Buda florezca, lo cual beneficiará a todos los seres sintientes. El gran maestro Atisha dijo:

> «Dedicad vuestras virtudes durante el día y la noche, y vigilad siempre vuestra mente».

Si dedicamos nuestras acciones virtuosas de este modo, su potencial no será destruido por el odio ni las creencias erróneas, sino que aumentará. La práctica de la dedicación hace que nuestras acciones virtuosas sean eficaces, y podemos realizarla recitando la siguiente estrofa:

Que gracias a las virtudes que aquí he acumulado,
la doctrina y todos los seres sintientes reciban todo beneficio,
y, en especial, que la esencia de la doctrina
del venerable Losang Dragpa brille eternamente.

OFRECIMIENTO DEL MANDALA

Otra de las ofrendas especiales es el ofrecimiento del mandala. La palabra *mandala* en este contexto se refiere a todo el universo, que puede dividirse en cuatro continentes o regiones: el del este, el del sur, el del oeste y el del norte. Para los seres iluminados, este universo es una tierra pura porque sus mentes son completamente puras y carecen de experiencias o percepciones impuras. Por lo tanto, con la intención de liberar a todos los seres sintientes del sufrimiento de manera permanente, ofrecemos el universo entero como una tierra pura a Lama Losang Buda Heruka y a los demás seres sagrados mientras recitamos la siguiente oración:

Os ofrezco esta base con flores y ungida de incienso,
con el Monte Meru, los cuatro continentes, el sol y la luna,
percibida como una tierra pura de Buda.
Que todos los seres puedan disfrutar de una tierra pura.

IDAM GURU RATNA MANDALAKAM NIRIATAYAMI

Debemos ofrece un mandala todos los días, en cualquier momento. Como gran guía preliminar de la práctica del Mahamudra debemos acumular cien mil ofrecimientos del mandala, ya sea en la vida diaria o en retiro. Para una exposición detallada, véanse *Guía del Paraíso de las Dakinis* y *Gran tesoro de méritos.*

SÚPLICA PARA ALCANZAR LOS LOGROS DE LAS ETAPAS DEL CAMINO

Después de ofrecer las siete ramas y el mandala, desde lo más profundo de nuestro corazón suplicamos a los seres sagrados en el espacio ante nosotros que nos concedan los logros de las etapas del camino a la iluminación. Para ello recitamos las siguientes oraciones concentrándonos en su significado:

Oración de *Migtsema*

Tsongkhapa, corona de los eruditos de la Tierra de las Nieves,
eres Avalokiteshvara, tesoro de compasión inconcebible,
Manyhushri, suprema sabiduría inmaculada,
y Vajrapani, destructor de la multitud de maras;
¡oh Losang Dragpa!, te suplico, concede tus bendiciones
(x3, x7, x21, etc.)

Oración de las etapas del camino

Bendecidme para que comprenda
que generar fe sincera en el bondadoso Maestro espiritual,
fuente de toda virtud, es la raíz del camino.
Y así le siga siempre con gran devoción.

Bendecidme para que comprenda
que este excelente renacimiento humano dotado de libertad
es muy valioso y difícil de conseguir.
Y así dedique el día y la noche a extraer su esencia.

Mi cuerpo es frágil como una burbuja en el agua,
rápidamente decae y se destruye.
Y así como la sombra siempre sigue al cuerpo,
el resultado de mis acciones proseguirá a la muerte.

Con este entendimiento firme en la memoria
bendecidme para que, con extrema cautela,
evite siempre la mínima acción indebida
y acumule virtud en abundancia.

Los placeres del samsara son ilusorios,
no producen satisfacción sino tormentos.
Por ello, bendecidme para que sólo me esfuerce
en lograr el gozo sublime de la liberación.

Bendecidme para que, con gran cuidado y atención,
inducido por este pensamiento puro,
mantenga el pratimoksha*, la raíz de la doctrina,*
como mi práctica esencial.

Al igual que yo, todos los maternales seres
están hundidos en el océano del samsara,
bendecidme para que me adiestre en la bodhichita
y pueda liberar pronto a todos los seres.

Pero si solo cultivo esta mente
sin aplicarme en las tres moralidades,
no alcanzaré la iluminación.
Por ello, bendecidme para que guarde los votos del Bodhisatva.

Pacificando mis distracciones
e investigando el significado real,
bendecidme para que logre la unión
de la permanencia apacible y la visión superior.

Bendecidme para que, a través del camino común,
me convierta en un recipiente puro
y entre en el camino de los seres afortunados,
el vajrayana, el camino supremo.

Las dos realizaciones dependen
de mis sagrados votos y promesas.
Bendecidme para que lo entienda con claridad,
y siempre los mantenga aunque mi vida peligre.

Realizando a diario las cuatro sesiones
tal como indican los Maestros sagrados,
bendecidme para que pronto alcance
las dos etapas del camino del tantra.

Que los Guías que me muestran el buen camino
y las amistades que me ayudan tengan larga vida,
y bendecidme para que pacifique por completo
todos los obstáculos, externos e internos.

Que siempre encuentre Maestros perfectos
y disfrute del Dharma sagrado,
y que realizando las etapas del camino
pronto alcance el estado de Vajradhara.

Todo ello, desde el refugio hasta la *Oración de las etapas del camino*, se puede practicar en una sola sesión junto con la sadhana *Gema del corazón*, que puede encontrarse en el apéndice 5.

Como gran guía preliminar del yoga del Guru a nuestra práctica del Mahamudra podemos recitar cien mil veces el mantra del nombre de Lama Losang Buda Heruka. La práctica de la recitación de este mantra es la esencia del yoga del Guru y debemos realizarla con fe firme y sincera devoción. El mantra dice así:

OM GURU SUMATI BUDA HERUKA SARVA SIDDHI HUM

Cuando recitamos: «OM GURU SUMATI BUDA HERUKA» estamos llamando a Lama Losang Buda Heruka, y al decir: «SARVA SIDDHI HUM» estamos pidiéndole que nos conceda todos los logros de las etapas del camino, desde la realización de confiar en el Guía Espiritual hasta la del estado de Vajradhara o Budeidad.

De vez en cuando debemos recitar la *Oración de siete versos de súplica a Heruka* concentrándonos en su significado:

¡Oh, Guru Heruka, síntesis de las Tres Joyas!,
por favor, concédeme a mí y a todos los seres sintientes tus bendiciones;
por favor, libera mi mente de la atención inapropiada y las concepciones equívocas,
y transfórmala en el profundo camino que conduce a la unión de la tierras externa e interna de las Dakinis;
por favor, libérame de los obstáculos externos e internos.
Puesto que tú eres mi único refugio,
por favor, por favor, cuida de mí con tu gran compasión.

BENDICIONES

Después de realizar estas súplicas, imaginamos que los seres sagrados alrededor de Yhe Tsongkhapa se disuelven en él. A continuación, Yhe Tsongkhapa se disuelve en Buda Shakyamuni, que a su vez se disuelve en Heruka. Con gran deleite, Heruka viene hasta nuestra coronilla y disminuye hasta adquirir el tamaño de un pulgar. Después entra por la coronilla hasta el centro del chakra de la coronilla y nos bendice el canal central a la altura de la coronilla. Luego desciende por el canal central hasta llegar al centro del chakra de la garganta y nos bendice el canal central a este nivel. De nuevo desciende por el canal central hasta llegar al centro del chakra del corazón y nos bendice el canal central a este nivel, así como nuestro aire y mente indestructibles. Por último, Heruka se disuelve en nuestra mente indestructible en el corazón. Creemos con firmeza que nuestra mente indestructible recibe un poder especial que la transforma en la unión del gran gozo y la vacuidad. Meditamos en esta sensación de manera convergente sin distracciones.

Esta forma especial de recibir bendiciones se practica recitando las tres estrofas siguientes:

¡Oh Glorioso y precioso Maestro raíz!,
siéntate, por favor, sobre el asiento de loto y luna en mi corazón.
Cuida de mí con tu gran benevolencia
y concédeme las bendiciones de tu cuerpo, palabra y mente.

¡Oh Glorioso y precioso Maestro raíz!,
siéntate, por favor, sobre el asiento de loto y luna en mi corazón.
Cuida de mí con tu gran benevolencia
y confiéreme las realizaciones comunes y supremas.

¡Oh Glorioso y precioso Maestro raíz!,
siéntate, por favor, sobre el asiento de loto y luna en mi corazón.
Cuida de mí con tu gran benevolencia
y permanece firme hasta que alcance la esencia de la iluminación.

Después podemos realizar la práctica del Mahamudra de dos maneras: 1) adiestrándonos en la meditación del canal central, la gota indestructible y el aire y la mente indestructibles o 2) practicando las seis etapas del adiestramiento del Mahamudra. Puesto que la manera de meditar en el canal central, la gota indestructible y el aire y la mente indestructibles ha sido expuesta con anterioridad, a continuación se presentarán las seis etapas del adiestramiento del Mahamudra.

Las seis etapas de adiestramiento en el Mahamudra

Esta manera de adiestrarse en el Mahamudra es muy especial. Su objetivo temporal es hacer nuestra mente cada vez más sutil y, por lo tanto, más apacible, y reducir nuestras perturbaciones mentales, como el odio y el apego, para poder solucionar nuestros problemas diarios. Sin embargo, la meta última de este adiestramiento es realizar de forma directa nuestra mente que reside de manera continua y alcanzar la iluminación con rapidez. Las seis etapas son:

1. Identificación de nuestra propia mente.
2. Realización de nuestra mente de forma directa.
3. Identificación de nuestra mente sutil.
4. Realización de nuestra mente sutil de forma directa.
5. Identificación de nuestra mente muy sutil.
6. Realización de nuestra mente muy sutil de forma directa.

En los Sutras y en los textos de Mahamudra se dice:

«Si realizas tu propia mente, te convertirás en un Buda; no busques la Budeidad en ningún otro lugar».

Según el tantra del yoga supremo, el significado de estas palabras es que si realizamos de forma directa nuestra mente que reside de manera continua, nos convertiremos en un Buda; no es necesario buscar la Budeidad en ningún otro lugar.

Imaginemos que una persona quiere visitar una ciudad y para ello toma un tren que pasa por seis estaciones. Pri-

Losang Trinley

mero ha de llegar a la primera estación y luego pasar por todas las demás hasta alcanzar la sexta, desde donde podrá ver la ciudad directamente. Del mismo modo, para ver la ciudad de la iluminación, hemos de tomar el tren del adiestramiento en el Mahamudra, que tiene seis etapas. Primero debemos llegar a la primera estación, identificación de nuestra propia mente, y luego pasar por las demás hasta llegar a la sexta, realización de nuestra mente muy sutil de forma directa, desde donde podremos ver directamente la ciudad de la iluminación.

IDENTIFICACIÓN DE NUESTRA PROPIA MENTE

Cuando comprendamos con claridad la ubicación, naturaleza y función de nuestra mente, la habremos identificado.

Por lo general, parece como si conociéramos nuestra mente. Todos tenemos mente y podemos reconocer nuestros estados mentales: sabemos si nos sentimos felices o desdichados, si tenemos las ideas claras o estamos confundidos, si nuestra actitud es positiva o negativa, etcétera. No obstante, si alguien nos preguntara cuál es la naturaleza de la mente, cómo funciona y dónde se ubica, lo más probable es que no supiéramos dar una respuesta precisa, lo que indica que, en realidad, no sabemos lo que es.

Puesto que no conocemos nuestra mente, la identificamos de manera incorrecta. Si preguntamos qué es la mente, probablemente la mayoría de las personas señalen su cabeza y contesten que es el cerebro, pero esto no es correcto. Nuestra mente está situada principalmente en la zona de la rueda de canales o chakra del corazón. Su naturaleza es claridad. Esto significa que es vacía, como el espacio claro, que es un continuo que carece por completo de forma y color, y que tiene la capacidad de percibir, comprender y recordar objetos.

No es fácil comprender con precisión el significado de la palabra *claridad* en este contexto. En pocas palabras, claridad se refiere a aquello que es lo suficientemente claro como para percibir objetos. Por ejemplo, aunque un cristal transparente, el cielo despejado o un espejo limpio son claros, no lo son lo suficiente como para percibir objetos. No pueden percibir nada porque son objetos inanimados, y aunque nosotros, por ejemplo, podamos ver las imágenes reflejadas en un espejo, el espejo mismo no puede ver objetos. Aunque decimos: «Yo percibo objetos», en realidad lo hacemos solo gracias al poder de nuestra mente. La persona o yo tampoco es claridad porque no es lo suficientemente clara como para percibir o conocer objetos. Solo la mente tiene esta capacidad, y sin ella no podríamos percibir nada. Por lo tanto, solo la claridad puede ser mente y solo la mente puede ser claridad.

En su *Comentario a la 'Cognición válida'*, el erudito budista Dharmakirti, famoso por su maestría en la lógica y el razonamiento, explicó y clarificó los aspectos más difíciles de las enseñanzas de Buda. En este texto, la *mente* se define como «aquello que es claridad y conoce». Esta definición es completamente fidedigna. En este contexto, *claridad* necesariamente es *mente.*

La función de la mente es percibir o conocer objetos, comprenderlos o designarlos. Cuando decimos que comprendemos algo, lo hacemos solo porque nuestra mente lo comprende. Comprender es una función exclusiva de la mente.

Sin mente no podríamos hacer nada. Tenemos capacidad para realizar acciones solo gracias a nuestra mente. Podemos decir: «He inventado esto» o «He pintado lo otro», pero sin la mente somos incapaces de hacer nada, ya sea material o espiritual. Tanto nuestras palabras y acciones físicas, así como nuestro estudio, contemplación y meditación, dependen por completo de la mente. Al igual que un ordenador no puede funcionar sin electricidad, un cuerpo tampoco puede funcionar sin mente. Sin electricidad, un ordenador solo sirve para tirarlo a la basura, y sin mente, un cuerpo solo sirve para enterrarlo en el cementerio.

La mente ejerce numerosas funciones. La belleza y la fealdad, la bondad y la maldad, la felicidad y el sufrimiento, dependen todos de la mente. Todo lo que vemos, oímos, olemos, gustamos o tocamos con las consciencias sensoriales o percibimos con la consciencia mental está creado por la mente. ¿Cómo se explica esto? Por medio de la designación. Un objeto sólo puede existir si es designado por la mente.

Por ejemplo, un coche no es más que una mera designación de la mente. Antes de haber sido designado no existe el coche. Es posible que varios objetos juntos puedan formar una base apropiada para designar *coche*, pero ninguno de ellos es el coche ni tampoco lo es su conjunto. El *coche* solo puede existir por un proceso de designación; la mente designa *coche* pensando: «Esto es un coche», y luego verbalmente le asignamos el nombre *coche*. Esto es cierto con todos los demás objetos. El mundo, los placeres, los edificios, los coches, los cuerpos, las palabras y nosotros mismos existimos solo porque hemos sido designados por la mente.

Para comprender esto podemos tomar el ejemplo de un comité que elige a su presidente para que los represente. Antes de ser elegida, esta persona no es más que un miembro del comité, pero después, los demás la llaman *señor presidente* o *señora presidenta*. El presidente es designado o creado por la mente. Primero la mente piensa: «Él es el presidente», y luego la gente dice que lo es. De este modo, el presidente comienza a existir o es creado por medio de un proceso de designación de la mente. Por ejemplo, la *Sangha* ordenada son monjes y monjas por designación, y nosotros existimos como María o Juan también por designación.

Esto es cierto con todos los demás objetos; el universo entero existe por designación. No hay ni un solo fenómeno que no haya sido designado por la mente, y la existencia de todos ellos depende de su designación. Si lo analizamos con detenimiento, comprenderemos que tanto el samsara como la liberación o nirvana son creados por la mente y, en consecuencia, podemos abandonar el samsara y alcanzar la liberación y la iluminación con solo cambiar nuestra mente.

Por lo tanto, la mente es la creadora de todos los objetos, incluido el mundo entero. En su *Guía del camino medio*, el erudito budista Chandrakirti afirma que Buda rechaza la idea de cualquier creador que no sea la mente y presenta numerosos razonamientos válidos basados en las enseñanzas de Buda para demostrar que ella es el único creador de todos los fenómenos. Para ilustrarlo, podemos examinar el proceso de creación de cualquier objeto, como, por ejemplo, una mesa. La idea original de construir una mesa surge de nuestra mente y el conocimiento de cómo hacerla también. Después, realizamos un diseño y la vamos construyendo, pero todas estas etapas también dependen de nuestra mente. La mente es la creadora y el cuerpo es como la máquina que esta utiliza para producir objetos. Si nuestra mente no sabe cómo hacer algo, nunca seremos capaces de hacerlo. Todo lo que hacemos depende de nuestro conocimiento y comprensión, y estas son funciones exclusivas de la mente.

Comprender que todo es creado por la mente nos ayuda a reconocer su poder. Todos los seres sintientes están dominados por su mente. Vida tras vida, desde tiempo sin principio, hemos estado bajo su control; hemos tenido que hacer todo lo que nuestra mente haya deseado sin elección, como si fuéramos su sirviente. Si nuestra mente nos dice que nos suicidemos, nos suicidaremos, y si nos dice: «Mata a tus padres» o «Mata a tus hijos», nos veremos obligados a hacerlo también. Todas nuestras acciones perjudiciales las hemos cometido bajo su control, y si no alcanzamos una realización directa de la vacuidad en esta vida, continuaremos siendo sus esclavos durante innumerables vidas futuras.

No hay nada más poderoso que la mente. Cuando está dominada por los engaños, nos puede arrojar en un instante al más profundo de los infiernos. Gracias a las enseñanzas de Buda, el Dharma, ahora tenemos la oportunidad de identificar y reconocer al enemigo de los engaños, reducirlo y finalmente eliminarlo. El Dharma es el único método para controlar nuestra mente por completo. Si no logramos controlar nuestra mente perturbada con la práctica de Dharma, tendremos que seguir bajo su dominio experimentando inmenso sufrimiento.

Aquí concluye esta breve introducción a la mente.

Para identificar nuestra propia mente, la primera de las seis etapas del adiestramiento en el Mahamudra, debemos realizar los cuatro pasos siguientes: buscar, encontrar, sostener y mantener.

El primer paso es buscar el objeto de meditación, nuestra mente, reflexionando sobre su ubicación, naturaleza, función y poder, como se ha mencionado con anterioridad. Hemos de memorizar la esencia de estas instrucciones sobre la mente y contemplar su significado una y otra vez. De este modo intentamos percibir una imagen mental o genérica burda de nuestra mente. Aunque al principio nos parezca distante y poco clara, debemos sentir con certeza que estamos enfocados en nuestra mente. A medida que nuestra práctica vaya progresando, la imagen nos irá pareciendo más clara y menos distante.

Cuando percibamos con claridad una imagen genérica burda de nuestra mente, habremos encontrado esta última y completado el segundo paso: encontrar el objeto de meditación.

A continuación nos adiestramos en sostener nuestra mente sin olvidarla. Practicando con constancia de este modo, cuando seamos capaces de permanecer enfocados en nuestra mente sin olvidarla durante un minuto, habremos realizado el tercer paso: sostener.

Repitiendo una y otra vez los pasos de buscar, encontrar y sostener, intentamos concentrarnos de manera convergente en nuestra mente sin olvidarla, primero durante un

Drubuang Losang Namgyel

minuto, luego dos, y finalmente cinco. Cuando consigamos hacerlo durante cinco minutos, habremos realizado el cuarto paso: mantener, y logrado la identificación de nuestra propia mente, la primera etapa del adiestramiento en el Mahamudra.

En este contexto, *nuestra propia mente* se refiere a nuestra mente raíz o consciencia mental raíz, situada principalmente en el corazón. Por lo tanto, *identificar nuestra propia mente* significa 'identificar nuestra mente raíz'. Como se expone en *Comprensión de la mente,* aunque hay muchas clases de mentes, como los cincuenta y un factores mentales, solo son partes o ramificaciones de la mente, y no son estables, sino transitorias. Se manifiestan durante unos minutos y luego cesan para luego volverse a manifestar y volver a cesar. La mente raíz es como un océano, y las diferentes clases de mentes y todas las apariencias, como las olas.

REALIZACIÓN DE NUESTRA MENTE DE FORMA DIRECTA

Cuando alcanzamos la permanencia apacible que observa nuestra mente, realizamos esta última de forma directa porque esta concentración es de una claridad extraordinaria y está libre de pensamientos conceptuales.

La permanencia apacible que observa nuestra mente es una concentración muy profunda. Se alcanza después de completar nueve etapas de concentración denominadas *nueve permanencias mentales* enfocadas en la mente. La primera y segunda permanencias mentales se denominan *emplazamiento de la mente* y *emplazamiento continuo,* y las completamos en la primera etapa –identificación de nuestra propia mente–, cuando completamos los pasos de sostener el objeto durante un minuto y mantenerlo luego durante cinco. A continuación hemos de avanzar de la segunda permanencia mental a la tercera, y de manera sucesiva hasta llegar a la novena, a partir de la cual podemos alcanzar la permanencia apacible que observa nuestra propia mente.

Avanzamos de la segunda permanencia mental a la tercera repitiendo la práctica de buscar, encontrar, sostener y mantener, tal como hicimos en la primera etapa del adiestramiento en el Mahamudra. Si nos adiestramos una y otra vez en estos cuatro pasos, la duración del último de ellos aumentará de manera gradual de cinco a diez minutos, luego veinte, luego una hora e incluso más tiempo. Si en esta etapa perdemos el objeto de meditación –la apariencia clara de nuestra propia mente–, hemos de recuperarlo repitiendo la práctica de buscar, encontrar, sostener y mantener.

Poco a poco, si nos adiestramos de este modo, cuando perdamos el objeto de meditación podremos recuperarlo de inmediato con solo recordar la naturaleza y función de nuestra mente sin necesidad de repetir la práctica de buscar, etcétera. En esta etapa avanzamos de la segunda permanencia mental a la tercera, y nuestra concentración de la segunda permanencia mental, emplazamiento continuo, se transforma en la concentración de la tercera permanencia apacible, denominada *reemplazamiento*.

¿Cómo progresamos de la tercera a la cuarta permanencia mental? Continuamos meditando en la concentración de la tercera permanencia mental hasta que desarrollamos la capacidad de mantener una concentración pura durante toda la sesión sin perder en ningún momento el objeto de la meditación, la apariencia clara de nuestra mente. En esta etapa avanzamos de la tercera permanencia mental a la cuarta, y la concentración de aquella se transforma en la de esta última, denominada *emplazamiento cercano*.

Como se ha mencionado con anterioridad, realizamos nuestra mente de forma directa cuando alcanzamos la concentración de la permanencia apacible que la observa. Sin embargo, con el poder de la concentración del emplazamiento cercano ya somos capaces de controlar nuestras distracciones y engaños. En consecuencia, la comprensión de nuestra propia mente es muy clara y nuestra retentiva y vigilancia mental muy poderosas. Por lo tanto, con solo alcanzar la concentración de la cuarta permanencia mental podemos comenzar a practicar la tercera etapa del adiestramiento en el Mahamudra –identificación de nuestra mente sutil–.

Para una descripción más detallada sobre cómo alcanzar la permanencia apacible, véanse *El camino gozoso de buena fortuna* y *Tesoro de contemplación.*

IDENTIFICACIÓN DE NUESTRA MENTE SUTIL

Por lo general, las mentes del estado de vigilia son burdas porque montan sobre los aires internos burdos, que fluyen por los canales derecho e izquierdo. Las mentes sutiles y la muy sutil solo suelen manifestarse durante el sueño profundo o el proceso de la muerte, y montan sobre los aires internos sutiles y el muy sutil, que fluyen por el canal central. Los seres ordinarios no pueden identificar sus mentes sutiles ni la muy sutil porque no son capaces de utilizar su memoria ni durante el sueño ni la muerte. Solo los practicantes del tantra del yoga supremo pueden, gracias al poder de su meditación, identificar sus mentes sutiles y la muy sutil durante el estado de vigilia, el del dormir y el proceso de la muerte.

La meditación en el canal central, la gota indestructible y el aire y mente indestructibles es el método para hacer que las mentes sutiles y la muy sutil se manifiesten y podamos realizarlas de forma directa. Aunque las tres primeras de las seis etapas del adiestramiento en el Mahamudra se practican también con la mente del estado de vigilia, son preparaciones para poder tener éxito en las tres siguientes. Por lo tanto, el adiestramiento de las seis etapas es el método para manifestar y realizar de forma directa nuestras mentes sutiles y muy sutil durante el sueño.

En la tercera etapa, identificación de nuestra mente sutil, debemos meditar en nuestra mente sutil. La naturaleza de la mente sutil es la cesación de todas las mentes burdas, y su función es percibir un vacío semejante al espacio. Puesto que es imposible que la mente sutil se manifieste sin que cesen primero las mentes burdas, debemos meditar en nuestra mente sutil como se describe a continuación.

Primero dejamos de fijarnos en cualquier objeto; no debemos tener pensamientos, sino permanecer como una piedra o un trozo de madera sin percibir ni experimentar nada. Continuamos en este estado durante unos minutos y luego imaginamos que todas nuestras mentes burdas se disuelven en nuestra mente sutil, como las burbujas vuelven al agua de la que surgieron. A continuación intentamos percibir nuestra mente sutil realizando la siguiente contemplación:

Su naturaleza es la cesación de todas las mentes burdas, y su función, percibir un vacío semejante al espacio.

De este modo realizamos la práctica de buscar. Cuando gracias a esta contemplación percibamos con claridad la imagen genérica de nuestra mente sutil, habremos encontrado el objeto de meditación, la apariencia clara de nuestra mente sutil, y realizado el paso de encontrar. Tras haber encontrado el objeto de la meditación, debemos adiestrarnos en sostener el objeto sin olvidarlo hasta que consigamos hacerlo durante un minuto. Esto es sostener. Cuando, como resultado de repetir una y otra vez los pasos de buscar, encontrar y sostener, seamos capaces de permanecer concentrados en el objeto de meditación durante cinco minutos, habremos realizado el cuarto paso, mantener. En ese momento completaremos la tercera etapa, identificación de nuestra mente sutil.

REALIZACIÓN DE NUESTRA MENTE SUTIL DE FORMA DIRECTA

Por lo general, cuando entramos en el sueño profundo ocurren tres cosas: 1) nuestros aires internos se reúnen y disuelven de manera natural en el canal central, 2) todas nuestras mentes burdas se disuelven y 3) se manifiestan nuestras mentes sutiles y muy sutil. En el caso de los seres ordinarios, todo esto ocurre de forma muy breve porque se quedan dormidos y se despiertan con rapidez. Sin embargo, cuando completamos las tres primeras de las seis etapas del adiestramiento en el Mahamudra somos capaces de controlar nuestras distracciones, nuestra retentiva y vigilancia mental son muy poderosas, estamos muy familiarizados con la meditación en nuestra mente sutil y experimentamos la cesación de las mentes burdas. Por lo tanto, incluso durante el sueño profundo podemos mantener la retentiva de nuestra mente sutil y evitar que surjan distracciones tanto de nuestras mentes oníricas como de las del estado de vigilia, por lo que la duración de nuestro sueño profundo será muy larga.

Durante el sueño largo y profundo podremos meditar en nuestra propia mente sutil, y cuando los aires internos se reúnan y disuelvan de manera natural en el canal central reconoceremos las señales de disolución. Cuando gracias a este adiestramiento alcancemos una clara y profunda realización de nuestras mentes sutiles del sueño –la de apariencia blanca, la del rojo creciente y la negra del logro cercano–, habremos completado la cuarta etapa del adiestramiento en el Mahamudra: realización de nuestra mente sutil de forma directa.

Kachen Yeshe Gyaltsen

IDENTIFICACIÓN DE NUESTRA MENTE MUY SUTIL

Después de haber completado la cuarta etapa del adiestramiento en el Mahamudra debemos seguir meditando en nuestra mente sutil durante el sueño largo y profundo, y cuando nuestros aires internos se reúnan y disuelvan de manera natural en el canal central, podremos reconocer las señales de disolución, desde la apariencia semejante a un espejismo hasta la de la luz clara. La mente de luz clara es nuestra mente muy sutil.

Cuando nuestra mente muy sutil de la luz clara del sueño se manifieste, debemos comprender que su naturaleza es gozo surgido de la disolución de las gotas en el canal central, su función es percibir un vacío semejante al espacio y su ubicación es el centro mismo del chakra del corazón. Comprendiendo nuestra mente muy sutil de este modo, cuando la apariencia clara de nuestra mente muy sutil del sueño se estabilice habremos completado la quinta etapa del adiestramiento en el Mahamudra: identificación de nuestra mente muy sutil.

REALIZACIÓN DE NUESTRA MENTE MUY SUTIL DE FORMA DIRECTA

Después de haber completado la quinta etapa del adiestramiento en el Mahamudra, siempre que nos durmamos hemos de realizar las dos prácticas siguientes: 1) con nuestra retentiva y vigilancia mental sutiles debemos evitar soñar y despertarnos para que el sueño sea largo y profundo, y 2) cuando se manifieste nuestra mente de luz clara del sueño, cuya naturaleza es gozo, debemos meditar en la vacuidad de todos los fenómenos. Hemos de repetir estas prácticas una y otra vez.

Cuando, como resultado de practicar esta meditación de manera continua nuestra mente de luz clara del gozo realice la vacuidad directamente, habremos completado la sexta etapa del adiestramiento en el Mahamudra: realización de nuestra mente muy sutil de forma directa. Entonces, nuestra mente de luz clara del gozo se transformará en la unión del gran gozo y la vacuidad, el Mahamudra propiamente dicho. Después alcanzaremos la unión del cuerpo ilusorio puro y la luz clara significativa, con la cual veremos la ciudad de la iluminación, el mundo iluminado.

Si utilizamos el sueño para alcanzar estos logros, el dormir adquirirá un gran significado y será muy provechoso. Estas instrucciones sobre las seis etapas del adiestramiento en el Mahamudra contienen innumerables bendiciones. Como resultado de practicarlas con sinceridad, muchos discípulos de Yhe Tsongkhapa, incluidos miembros de la Sangha ordenada, alcanzaron la iluminación total con rapidez en menos de tres años y tres meses.

TERCERA PARTE

¿Qué es la vacuidad?

Phurchog Ngauang Yhampa

¿Qué es la vacuidad?

Como se ha mencionado con anterioridad, el *Mahamudra del tantra* se define como «la mente de la luz clara completamente cualificada que experimenta gran gozo y realiza la vacuidad de manera directa». ¿Qué es la vacuidad? La vacuidad no es la nada, sino la naturaleza real de los fenómenos. Puesto que es un tema muy profundo, debemos leer el siguiente comentario con atención y una actitud abierta y reflexionar a fondo sobre su significado. Al principio nos puede parecer muy técnico, pero debemos ser pacientes y no desperdiciar esta preciosa oportunidad para comprender un tema tan significativo. Mientras no eliminemos nuestra ignorancia del aferramiento propio, no disfrutaremos de verdadera felicidad porque este destruirá nuestra paz interior o paz mental. El único método directo para eliminar esta ignorancia es la realización de la vacuidad.

Los términos *verdad última, vacuidad* y *naturaleza última de los fenómenos* son sinónimos. Debemos comprender que tenemos problemas porque no hemos realizado la verdad última. La razón de que permanezcamos en la prisión del samsara es que seguimos cometiendo acciones contaminadas inducidas por nuestras perturbaciones mentales. Todos nuestros engaños surgen de la ignorancia del aferramiento propio. Esta ignorancia es la causa de todos nuestros problemas y engaños y la única manera de eliminarla es realizando la vacuidad. Aunque no resulta fácil comprender la vacuidad, es muy importante que hagamos un esfuerzo. De este modo, finalmente seremos recompensados con la cesación permanente del sufrimiento y con el gozo sublime de la iluminación total.

EL OBJETIVO DE MEDITAR EN LA VACUIDAD

El objetivo de comprender la vacuidad y meditar en ella es liberar nuestra mente de las concepciones erróneas y apariencias equívocas para convertirnos en un ser completamente puro o iluminado. En este contexto, *concepciones erróneas* se refiere a la ignorancia del aferramiento propio, la mente conceptual que se aferra a los fenómenos como si tuvieran existencia verdadera; y *apariencias equívocas*, a las apariencias de los fenómenos como si tuvieran existencia verdadera. Las concepciones erróneas son las obstrucciones a la liberación, y las apariencias equívocas, las obstrucciones a la omnisciencia. Solo los Budas han eliminado estas dos obstrucciones.

En primer lugar hemos de reconocer nuestro aferramiento propio, que siempre está en nuestro corazón alterando nuestra paz interior. Su naturaleza es la de una percepción errónea que cree equivocadamente que nosotros mismos y los demás tenemos existencia verdadera o inherente. Esta mente es ignorante porque en realidad los objetos no existen de este modo, sino como meras designaciones. Debido a que esta estúpida mente de aferramiento propio cree que el yo, lo mío y todos los demás fenómenos existen de manera inherente y se aferra a ello, tenemos apego a los objetos que nos agradan y rechazamos los que nos desagradan. A continuación cometemos acciones que perjudican a los demás seres sintientes y, como resultado, experimentamos diversos problemas y sufrimientos en esta vida y en las futuras. Esta es la razón principal de que tengamos tantos problemas. Debido a que nuestro sentido del yo y lo mío con existencia verdadera es tan intenso, nuestro aferramiento propio también actúa como base de todos nuestros problemas diarios.

El aferramiento propio puede compararse con un árbol venenoso, las demás perturbaciones mentales con sus ramas, y el sufrimiento con sus frutos; es el origen de todos los demás engaños y de nuestros problemas. Si comprendemos esto, nos esforzaremos por reconocer, reducir y finalmente eliminar por completo esta clase de ignorancia.

No resulta fácil reconocer la ignorancia del aferramiento propio porque es muy sutil. Por una parte sabemos que nuestro aferramiento propio –nuestro sentido del yo y lo mío– es muy intenso, pero cuando intentamos identificarlo se vuelve muy sutil. Es poco frecuente encontrar una persona que identifique su aferramiento propio de manera correcta. Por lo general, esto se debe a la falta de conocimiento de la verdadera naturaleza de las personas y los fenómenos, es decir, su vacuidad.

Si no reconocemos nuestro engaño de la ignorancia del aferramiento propio, no podremos reducir su intensidad y, por lo tanto, tampoco podremos controlar nuestras perturbaciones mentales. De este modo es imposible solucionar nuestros problemas humanos. Quizá pensemos que la tecnología moderna es la manera de solucionar nuestros problemas, pero si fuera así, cuanto más avanzara, menos problemas tendríamos los seres humanos. Sin embargo, sabemos que esto no es cierto; la propia tecnología ocasiona numerosos nuevos problemas.

Existen dos clases de aferramiento propio: el aferramiento a la entidad propia de las personas y el aferramiento a la entidad propia de los fenómenos. El primero se aferra a nuestro yo o al de los demás como si tuviera existencia verdadera, y el segundo, a cualquier otro fenómeno como si tuviera existencia verdadera. Las mentes que se aferran a nuestro cuerpo, nuestra mente, nuestras posesiones y nuestro mundo como si tuvieran existencia verdadera son ejemplos de aferramiento a la entidad propia de los fenómenos.

El propósito principal de meditar en la vacuidad es reducir y finalmente eliminar las dos clases de aferramiento propio. El aferramiento propio es el origen de todos nuestros problemas. Nuestro sufrimiento es directamente proporcional a la intensidad de nuestro aferramiento propio. Por ejemplo, cuando este es muy intenso, una simple broma puede hacernos enfadar, pero cuando es débil, la misma broma nos hacer reír. Cuando hayamos eliminado por completo el aferramiento propio, todos nuestros problemas desaparecerán de manera natural. Aunque solo meditemos en la vacuidad durante un corto período de tiempo, nos ayudará a superar la ansiedad y las preocupaciones.

Si durante las sesiones de meditación alcanzamos una comprensión clara y una realización estable de la ausencia de existencia inherente de todos los fenómenos, esta ejercerá una gran influencia en nuestra mente durante los descansos de la meditación. Aunque los objetos que percibamos parezcan tener existencia inherente, enseguida recordaremos gracias a nuestra experiencia durante la meditación que no existen de este modo. Seremos como el mago que nunca olvida que las apariciones que crea con sus hechizos no son más que ilusiones.

Para comprobar si meditamos en la vacuidad de manera correcta, hemos de observar si nuestro aferramiento propio se ha debilitado. Si después de estudiar y contemplar las instrucciones y de meditar en ellas durante meses o incluso años, nuestro aferramiento propio sigue tan intenso como al principio, es señal de que no las hemos comprendido bien o no estamos meditando de manera correcta. El aferramiento propio nos ha causado sufrimiento desde tiempo sin principio y no podemos esperar eliminarlo de la noche a la mañana, pero si meditamos en la vacuidad con perseverancia, notaremos que se va reduciendo. Si al contemplar la vacuidad conseguimos debilitar nuestras perturbaciones mentales, por ejemplo, reduciendo el odio al recordar que su objeto no existe por su propio lado, o la intensidad del apego al comprender que su objeto no es deseable de manera inherente, será una señal de que nuestra comprensión de la vacuidad es correcta.

Nuestra capacidad para resolver los problemas internos por medio de la meditación en la naturaleza verdadera de los fenómenos depende de dos factores: la precisión de nuestra comprensión y nuestra familiaridad con ella. Por lo tanto, primero debemos estudiar la vacuidad para adquirir una comprensión intelectual, y luego meditar en ella repetidas veces para mejorar nuestra experiencia.

Cuando tenemos una enfermedad física buscamos un remedio lo antes posible, pero no hay hospitales ni medicinas que puedan curarnos de la enfermedad mental de los engaños. Pensamos que el cáncer es algo terrible, pero, en realidad, no es más que una enfermedad temporal que cesará en el momento de nuestra muerte. Las enfermedades internas de las perturbaciones mentales son mucho peores, puesto que el sufrimiento que nos causan no tiene fin. Debido al apego a que se cumplan nuestros deseos, experimentamos sufrimientos mentales continuamente, vida tras vida. Este engaño nos puede ocasionar innumerables conflictos, e incluso impulsarnos a cometer acciones, como el asesinato o el suicidio, que nos causarán inmenso sufrimiento en vidas futuras. Del mismo modo, el odio, los celos y las demás perturbaciones mentales nos perjudican sin cesar. No importa si tenemos buena o mala salud, si somos ricos o pobres, si tenemos éxito o no, o si somos famosos o no, nunca estaremos libres de la amenaza de nuestras perturbaciones mentales. Por ejemplo, mientras leemos un libro tranquilamente, sin ningún motivo, con simplemente recordar un insulto o un objeto de apego, nos empezamos a inquietar. Es raro disfrutar de una sola hora de paz mental sin sufrir perturbaciones mentales.

Hemos padecido la enfermedad mental de los engaños desde tiempo sin principio. La trajimos con nosotros de vidas pasadas, la sufrimos en esta vida y nos la llevaremos a las futuras. Los médicos no pueden curarla y por sí misma nunca cesará. La única medicina que puede curarla son las

Panchen Palden Yeshe

enseñanzas de Buda, en especial las de la vacuidad. Todas estas instrucciones son métodos para aliviar nuestras enfermedades mentales. Por ejemplo, si ponemos en práctica las enseñanzas de Buda sobre el amor y la paciencia, aliviaremos de manera temporal la enfermedad del odio, y si aplicamos las instrucciones sobre la impermanencia y las desventajas del samsara, la del apego. Sin embargo, la única manera de curarnos por completo de las enfermedades mentales es alcanzando una realización directa de la vacuidad.

Cuando hayamos realizado la vacuidad de manera directa, disfrutaremos de verdadera libertad. Podremos incluso controlar nuestra muerte y elegir nuestro próximo renacimiento. Es posible que estemos haciendo planes para las vacaciones de verano o para nuestra jubilación, pero, en realidad, ni siquiera tenemos la certeza de que vayamos a estar vivos a la hora de comer. Después de morir, no sabemos dónde vamos a renacer, y el hecho de que ahora seamos humanos no garantiza que en la próxima vida no vayamos a renacer, por ejemplo, como un animal. Incluso aunque renazcamos de nuevo como un ser humano, no encontraremos verdadera felicidad. Nacemos manchados de sangre y entre gritos y llantos, y somos incapaces de comprender lo que nos está ocurriendo. Hemos perdido todas las posesiones, los conocimientos y los amigos que nos costaron tanto trabajo conseguir en nuestra vida anterior, y venimos al mundo con las manos vacías, confusos y solos. A medida que vamos creciendo, hemos de experimentar los sufrimientos de la existencia humana, como las enfermedades, la vejez, el hambre, la sed, las peleas, tener que separarnos de lo que nos gusta, enfrentarnos con situaciones desagradables y no poder satisfacer nuestros deseos. Esto no nos ocurre solo en esta vida, sino repetidas veces, vida tras vida. Si solo tuviéramos que experimentar este sufrimiento durante algunas vidas, podríamos aceptarlo, pero lo cierto es que nos espera de manera indefinida. ¿Cómo podemos soportar esta situación?

Debemos contemplar estos razonamientos hasta llegar a la siguiente conclusión:

No puedo soportar este ciclo sin sentido de sufrimientos ni un minuto más, tengo que escapar del samsara. Antes de morir, voy a alcanzar una experiencia profunda de la vacuidad.

Luego, dirigimos nuestra atención hacia todos los seres sintientes y pensamos:

Permanecer en la prisión del samsara me resulta insoportable, pero todos los seres sintientes se encuentran en la misma situación. Además, cuando yo sufro, solo lo hace una persona, mientras que cuando sufren los demás, lo hacen innumerables seres. ¿Cómo puedo permitir que todos estos seres experimenten sufrimiento sin fin? Tengo que alcanzar el estado de Buda para liberarlos a todos del sufrimiento y para ello he de realizar la verdad última, la vacuidad.

Es importante estudiar la vacuidad con una motivación correcta. Si lo hacemos como un mero ejercicio intelectual, obtendremos pocos beneficios. La vacuidad es un tema difícil de comprender, y si nuestra motivación para estudiarlo es incorrecta, su significado nos resultará aún más oscuro. No obstante, si estudiamos con buena motivación, con fe en las enseñanzas de Buda y sabiendo que si comprendemos la vacuidad, podremos reducir nuestro sufrimiento y ayudar a los demás, recibiremos bendiciones de sabiduría de Buda y nos resultará más fácil. Aunque no entendamos todos los razonamientos técnicos, adquiriremos una experiencia de la vacuidad, y contemplándola y meditando en ella controlaremos nuestras perturbaciones mentales y solucionaremos nuestros problemas diarios. Nuestra sabiduría aumentará de manera gradual hasta convertirse en la visión superior y, finalmente, en una realización directa de la vacuidad.

Además, a medida que acumulemos méritos al cultivar un buen corazón y una motivación pura, nuestra meditación en la vacuidad será cada vez más eficaz hasta que finalmente será tan poderosa que podremos eliminar nuestra ignorancia del aferramiento propio. No existe ningún método mejor para ser felices y disfrutar de paz mental que meditar en la vacuidad. Puesto que el aferramiento propio nos mantiene atrapados en el samsara y es la causa de nuestro sufrimiento, la meditación en la vacuidad es la solución universal a todos nuestros problemas. Es la medicina suprema que cura las enfermedades físicas y mentales, y el néctar que nos proporciona la felicidad permanente de la iluminación.

La vacuidad es la verdadera forma en que existen los fenómenos, contraria al modo en que los percibimos. De manera natural creemos que los objetos que nos rodean, como las mesas, las sillas, las casas, etcétera, tienen existencia verdadera porque pensamos que existen exactamente del modo en que aparecen. No obstante, la manera en que nuestros sentidos perciben los fenómenos es engañosa y contraria al modo en que existen en realidad. Los objetos parecen existir por su propio lado, sin depender de nuestra mente. Este libro, por ejemplo, parece tener su propia existencia independiente y objetiva. Parece estar «fuera», mientras que nuestra mente parece estar «dentro». Creemos que el libro puede existir sin nuestra mente y que esta última no participa de ningún modo en el proceso de su existencia. Para referirnos a esta clase de existencia que es independiente de nuestra mente, se utilizan los términos *existencia verdadera, existencia inherente, existencia propia* y *existencia por su propio lado*.

Aunque todos los fenómenos aparecen de forma directa ante nuestros sentidos como si existieran de manera verdadera o inherente, en realidad son vacíos o carentes de existencia verdadera. Este libro, nuestro cuerpo, nuestros amigos, nosotros mismos y todo el universo somos, en realidad, meras apariencias que surgen en la mente, al igual que los objetos que percibimos en un sueño. Si soñamos con un elefante, este aparece de forma vívida y podemos verlo, oírlo, olerlo y hasta tocarlo; pero cuando nos despertamos, nos damos cuenta de que no era más que una apariencia en nuestra mente. No nos preguntamos dónde está el elefante porque sabemos que, en realidad, no existe fuera de nuestra mente y no es más que una proyección de ella. Cuando la percepción onírica que aprehende el elefante cesa, este no se va a ningún lugar, sino que simplemente desaparece porque no es más que una apariencia en la mente y no puede existir fuera de ella. Buda dijo que lo mismo ocurre con todos los demás fenómenos, no son más que apariencias que surgen en nuestra mente y dependen por completo de la mente que los percibe.

El mundo onírico y el del estado de vigilia son muy similares, ambos son meras apariencias en la mente que surgen como resultado de nuestro karma. Por lo tanto, si afirmamos que el mundo onírico es falso, debemos concluir que el del estado de vigilia también lo es, y si decimos que este último es verdadero, el onírico también ha de serlo. La única diferencia entre ellos es que el mundo onírico es una apariencia que surge en nuestra mente sutil del sueño, mientras que el del estado de vigilia lo hace en nuestra mente burda despierta. El mundo onírico solo existe mientras se manifiesten las mentes del sueño en las que aparece, y el del estado de vigilia, mientras se manifiesten las de este estado. Cuando morimos, nuestras mentes burdas del estado de vigilia se disuelven en nuestra mente muy sutil y el mundo que percibimos cuando estamos vivos simplemente desaparece. El mundo que los demás perciben continúa, pero el nuestro personal desaparece por completo al igual que lo hizo el sueño que tuvimos la noche pasada.

Buda dijo que todos los fenómenos son como ilusiones. Existen diferentes clases de ilusiones, como los espejismos, los arcos iris o las alucinaciones causadas por las drogas. En el pasado, había magos que a partir de un objeto cualquiera, como un trozo de madera, hechizaban a la audiencia, haciéndole ver, por ejemplo, un tigre. En este caso, los afectados por el hechizo veían un tigre y sentían miedo, pero aquellos que llegaban después solo veían un trozo de madera. Todas las ilusiones tienen en común que el modo en que parecen existir no se corresponde con la realidad. Buda comparó todos los fenómenos con ilusiones, puesto que debido al poder de las impresiones de la ignorancia del aferramiento propio que hemos acumulado desde tiempo sin principio, cualquier objeto que aparece en nuestra mente parece tener existencia verdadera y de modo instintivo aceptamos esta apariencia, cuando en realidad es totalmente vacía de existencia verdadera. Al igual que un espejismo parece ser agua, pero en realidad no lo es, la manera en que todos los fenómenos parecen existir es engañosa. Sin entender su naturaleza verdadera, nos dejamos engañar por las apariencias y nos aferramos a los objetos, como los libros, las mesas, los cuerpos y los mundos, como si tuvieran existencia verdadera. El resultado de aferrarnos a los fenómenos de este modo es que generamos estimación propia, apego, odio, celos y otras perturbaciones mentales, nuestra mente se altera y perdemos la paz interior. Es como si estuviéramos en un desierto y nos agotáramos corriendo tras un espejismo, o como si confundiéramos la sombra de los árboles al anochecer con criminales o animales salvajes que van a atacarnos.

LA VACUIDAD DE NUESTRO CUERPO

Para comprender que los fenómenos son vacíos de existencia verdadera o inherente, debemos empezar analizando nuestro propio cuerpo. Cuando nos hayamos convencido de la ausencia de existencia verdadera de nuestro cuerpo, podemos aplicar los mismos razonamientos a los demás fenómenos.

En la *Guía de las obras del Bodhisatva*, Shantideva dice:

Khedrub Ngauang Doryhe

«Por lo tanto, no hay ningún cuerpo [con existencia verdadera],
pero debido a la ignorancia percibimos un cuerpo entre las manos y demás partes,
al igual que una mente aprehende de manera errónea una persona
al ver un montón de piedras apiladas al anochecer».

Aunque en cierto modo conocemos bien nuestro cuerpo, sabemos cuándo está sano y cuándo está enfermo, si es atractivo o desagradable, etcétera, nunca lo examinamos en profundidad ni nos preguntamos: «¿Qué es en realidad nuestro cuerpo?, ¿dónde está?, ¿cuál es su naturaleza verdadera?». Si analizamos nuestro cuerpo de este modo, en lugar de encontrarlo, desaparecerá. El significado de la primera parte del verso de Shantideva *Por lo tanto, no hay ningún cuerpo* es que si buscamos un cuerpo verdadero, no lo encontraremos, ni tampoco entre las manos y demás partes. Nuestro cuerpo solo existe mientras no busquemos un cuerpo verdadero detrás de su mera apariencia.

Hay dos maneras de buscar un objeto. Un ejemplo de la primera, que podemos denominar *búsqueda convencional*, sería buscar nuestro coche en un aparcamiento. El resultado de esta clase de búsqueda sería encontrarlo al localizar el objeto que todos aceptan que es nuestro coche. Sin embargo, después de haberlo encontrado, es posible que no estemos satisfechos con su mera apariencia y decidamos averiguar con exactitud qué es. Entonces, emprenderemos lo que podemos denominar una *búsqueda última*, con la que intentamos encontrar algo en este objeto que podamos identificar como el coche. Para ello, nos preguntamos: «¿Es el coche alguna de sus partes individuales?, ¿son las ruedas el coche?, ¿es el motor?, ¿es el chasis?», etcétera. Cuando realizamos una búsqueda última de nuestro coche, no nos conformamos con señalar el capó, las ruedas, etcétera, y decir: «Coche», sino que queremos saber qué es en realidad. En lugar de utilizar solo la palabra *coche* como solemos hacer, queremos saber a qué se refiere y separarlo mentalmente de todo lo que no es para poder decir: «Esto es el coche de verdad, el que tiene existencia verdadera».

Para comprender la afirmación de Shantideva de que en realidad no hay cuerpo, hemos de realizar una búsqueda última de este mismo. Si somos seres ordinarios, nos parecerá que todos los fenómenos, incluido nuestro cuerpo, existen de manera inherente. Como ya se ha mencionado, los objetos parecen ser independientes de nuestra mente y de otros fenómenos. El universo parece consistir en diferentes objetos que tienen existencia propia y se manifiestan como estrellas, planetas, montañas, personas, etcétera, «esperando» a ser percibidos por los seres conscientes. Por lo general, no se nos ocurre pensar que participamos de algún modo en la existencia de estos fenómenos. Por ejemplo, sentimos que nuestro cuerpo existe por sí mismo y que su existencia no depende ni de nuestra mente ni de la de ninguna otra persona. No obstante, si nuestro cuerpo existiera de la manera en que lo percibimos de manera instintiva, como un objeto externo en lugar de como una mera proyección de la mente, deberíamos poder señalarlo sin apuntar a ningún otro fenómeno y ser capaces de encontrarlo entre sus partes o fuera de ellas. Puesto que no existe una tercera posibilidad, si no podemos hacerlo, debemos concluir que no existe como una entidad objetiva.

Resulta fácil comprender que las partes individuales de nuestro cuerpo no son nuestro cuerpo, puesto que sería absurdo afirmar que nuestra espalda, nuestras piernas o nuestra cabeza son nuestro cuerpo. Si una de sus partes, por ejemplo, la espalda, fuera nuestro cuerpo, las demás partes también deberían serlo y, por lo tanto, se deduciría que tenemos numerosos cuerpos. Además, nuestra espalda, nuestras piernas, etcétera, no pueden ser nuestro cuerpo porque son sus partes. El cuerpo es el poseedor de sus partes, y la espalda, las piernas, etcétera, son las partes que posee; y el poseedor y lo poseído no pueden ser uno ni lo mismo.

Algunas personas, entre las que se encuentran los seguidores de ciertas escuelas de filosofía budista, creen que aunque ninguna de las partes individuales del cuerpo es el cuerpo, el conjunto de todas ellas ensambladas sí que lo es. Según estas escuelas, es posible encontrar nuestro cuerpo buscándolo de manera analítica porque consideran que es el conjunto de todas sus partes. Sin embargo, los seguidores de la escuela de filosofía budista más elevada, la madhyamika-prasanguika, refutan esta afirmación con numerosos argumentos. Aunque es posible que no comprendamos estos últimos de inmediato, si los contemplamos con detenimiento y una mente tranquila y receptiva, comprobaremos su validez.

Puesto que nuestro cuerpo no es ninguna de sus partes individuales, ¿cómo es posible que el conjunto de ellas lo sea? Por ejemplo, un grupo de perros no puede ser un ser humano porque ninguno de ellos lo es. Puesto que cada miembro individual es un no humano, ¿cómo es posible que un conjunto de no humanos se convierta por arte de magia en un humano? Del mismo modo, puesto que el conjunto de las partes de nuestro cuerpo es un conjunto de fenómenos que no son nuestro cuerpo, no puede ser nuestro cuerpo. Al igual que un grupo de perros sigue siendo solo perros, el conjunto de las partes de nuestro cuerpo sigue siendo solo partes; no puede convertirse por arte de magia en su poseedor, nuestro cuerpo.

Es posible que nos resulte difícil comprender este razonamiento, pero si reflexionamos sobre él con detenimiento, calma y una actitud receptiva, y lo analizamos con otros practicantes que tengan más experiencia, poco a poco se irá aclarando. También podemos consultar libros autorizados sobre el tema, como *Corazón de la sabiduría*.

Hay otra manera de comprender que nuestro cuerpo no es el conjunto de sus partes. Si pudiéramos señalar el conjunto de las partes de nuestro cuerpo y decir que es nuestro cuerpo, este conjunto sería independiente de los demás fenómenos que no son nuestro cuerpo. De ello se deduciría que el conjunto de las partes de nuestro cuerpo existiría independiente de sus partes. No obstante, esto es absurdo porque entonces, aunque eliminásemos las partes de nuestro cuerpo, el conjunto seguiría existiendo. Por lo tanto, podemos concluir que nuestro cuerpo no es el conjunto de sus partes.

Puesto que no podemos encontrar el cuerpo en ninguna de sus partes ni en el conjunto de ellas, la única posibilidad que queda es que sea algo separado de sus partes. En este caso, debería ser posible eliminar sus partes física o mentalmente y que el cuerpo siguiera existiendo. Sin embargo, si eliminamos los brazos, las piernas, la cabeza, el tronco, etcétera, no quedará ningún cuerpo. Esto demuestra que no existe ningún cuerpo separado de sus partes. Cuando apuntamos a nuestro cuerpo, lo hacemos solo a una de sus partes, que no es nuestro cuerpo.

Hemos agotado todas las posibilidades y no hemos podido encontrar nuestro cuerpo ni entre sus partes ni en ningún otro lugar. No podemos encontrar ningún fenómeno que se corresponda con el cuerpo que normalmente percibimos de forma tan vívida. No nos queda más remedio que darle la razón a Shantideva cuando dice que aunque busquemos nuestro cuerpo, no lo encontraremos. Esto indica con claridad que nuestro cuerpo no existe por su propio lado, independiente de la mente. Es casi como si no existiera. En realidad, solo podemos decir que nuestro cuerpo existe si estamos satisfechos con su mero nombre *cuerpo* sin esperar encontrar uno verdadero más allá de esta designación. Por mucho que intentemos encontrar un cuerpo verdadero o señalar el objeto al que el nombre *cuerpo* se refiere, no lo conseguiremos. En lugar de encontrar un cuerpo con existencia inherente, percibiremos su inexistencia o vacuidad. Comprenderemos que el cuerpo que normalmente percibimos, al que nos aferramos y estimamos, no existe. Esta inexistencia es la naturaleza verdadera o última de nuestro cuerpo.

El término *naturaleza verdadera* encierra un gran significado. Insatisfechos con la mera apariencia de nuestro cuerpo y con su nombre *cuerpo*, hemos examinado nuestro cuerpo para descubrir su naturaleza verdadera. El resultado de este análisis es que no es posible encontrarlo. Donde esperábamos encontrar un cuerpo con existencia inherente, descubrimos su total ausencia. Esta ausencia o vacuidad es la naturaleza verdadera de nuestro cuerpo. Además de la mera ausencia de un cuerpo con existencia inherente, nuestro cuerpo no tiene otra naturaleza verdadera, sus otras características forman parte de su naturaleza engañosa o ilusoria. Por lo tanto, ¿por qué dedicamos tanto tiempo a cuidar de la naturaleza ilusoria de nuestro cuerpo? Hasta ahora, hemos ignorado la naturaleza verdadera de nuestro cuerpo y de los demás fenómenos y nos hemos concentrado solo en su naturaleza ilusoria. Como resultado de concentrarnos en todo momento en objetos engañosos, nuestra mente se altera y continuamos atrapados en el samsara. Si deseamos disfrutar de una paz totalmente pura, debemos familiarizar nuestra mente con la verdad. En lugar de desperdiciar nuestras energías en objetos ilusorios y sin sentido, hemos de concentrarnos en la naturaleza verdadera de los fenómenos.

Aunque es imposible encontrar nuestro cuerpo buscándolo mediante una investigación, cuando no lo analizamos, aparece con claridad. ¿Por qué? Shantideva dice que debido a nuestra ignorancia, al ver las manos y otras partes del cuerpo percibimos un cuerpo con existencia verdadera. Es la ignorancia, y no la sabiduría, la que nos hace percibir un cuerpo entre sus partes, pero, en realidad, este no existe. Al igual que podríamos confundir al anochecer un montón de piedras con un hombre aunque este no exista, nuestra ignorancia percibe un cuerpo con existencia

Ngulchu Dharmabhadra

verdadera en el conjunto de los brazos, las piernas, etcétera, aunque este cuerpo tampoco exista. El cuerpo con existencia verdadera que percibimos en el conjunto no es más que una alucinación de nuestra mente ignorante. No obstante, al no darnos cuenta de ello nos aferramos a él con intensidad, lo estimamos y nos esforzamos por protegerlo de cualquier incomodidad.

Para familiarizarnos con la naturaleza verdadera de nuestro cuerpo, debemos aplicar el razonamiento descrito para buscar nuestro cuerpo en todos los lugares posibles. Luego, al no poder encontrarlo, hemos de concentrarnos en la vacuidad, semejante al espacio, que es la mera ausencia del cuerpo con existencia verdadera. Esta es la naturaleza verdadera de nuestro cuerpo. Aunque es similar al espacio vacío, esta vacuidad contiene un gran significado: la total ausencia del cuerpo con existencia verdadera al que nos aferramos con tanta intensidad y hemos estimado durante toda la vida.

Si nos familiarizamos con la experiencia de la naturaleza última, semejante al espacio, de nuestro cuerpo, reduciremos el aferramiento que sentimos hacia él. Como resultado, experimentaremos mucho menos sufrimiento, ansiedad y frustración en relación con nuestro cuerpo. Disminuirá nuestro estrés, mejorará nuestra salud y, aunque caigamos enfermos, el malestar físico no alterará nuestra mente. Aquellos que poseen una experiencia directa de la vacuidad no sienten dolor aunque los golpeen o reciban un disparo. Puesto que comprenden que la naturaleza verdadera de su cuerpo es como el espacio, si alguien los golpea o dispara, es como si lo hicieran al espacio. Además, las circunstancias externas, ya sean favorables o desfavorables, no los alteran porque comprenden que son como el hechizo de un mago y no existen por sí mismas fuera de su mente. En lugar de ser dominados por las circunstancias cambiantes, como marionetas, son libres y mantienen en todo momento la serenidad al comprender la naturaleza última e invariable que comparten todos los fenómenos. De este modo, la persona que realiza directamente la naturaleza verdadera de los fenómenos disfruta de paz día y noche, vida tras vida.

Es preciso distinguir entre el cuerpo que existe de manera convencional y el que lo hace de forma inherente, que no existe; pero no debemos dejarnos engañar por las palabras y pensar que el cuerpo que existe de manera convencional es algo más que una mera apariencia en la mente. Quizá nos resulte menos confuso decir simplemente que para la mente que percibe de forma directa la verdad, la vacuidad, el cuerpo no existe. Este solo existe para la mente en que aparece.

Shantideva nos aconseja que, a menos que deseemos comprender la vacuidad, no analicemos en la vida diaria las verdades convencionales, como nuestro cuerpo, posesiones, lugares y amigos, sino que nos sintamos satisfechos con sus meros nombres, como lo hacen las personas corrientes. Cuando una persona corriente conoce el nombre de un objeto y su función, se siente satisfecha y no hace ninguna otra investigación. Nosotros debemos hacer lo mismo, a menos que queramos meditar en la vacuidad, en cuyo caso debemos recordar que si examinamos cualquier fenómeno con detenimiento, no lo encontraremos, puesto que desaparecerá como lo hace un espejismo al acercarnos a él.

Podemos aplicar a los demás fenómenos el mismo razonamiento que hemos utilizado para demostrar la ausencia de existencia verdadera de nuestro cuerpo. Este libro, por ejemplo, parece existir por su propio lado, en algún lugar entre sus partes; pero cuando lo analizamos con detenimiento, descubrimos que ni sus páginas ni el conjunto de ellas es el libro, aunque sin ellas tampoco podría existir. En lugar de encontrar un libro con existencia verdadera, percibimos una vacuidad que es la inexistencia del libro que antes creíamos que existía. Debido a nuestra ignorancia, el libro parece existir separado de nuestra mente, como si esta estuviera dentro de nosotros, y el libro, fuera, pero después de analizar este último, descubrimos que esta apariencia es completamente falsa. No existe ningún libro fuera de la mente ni entre sus páginas. La única manera en que existe el libro es como una mera apariencia en la mente, una mera proyección suya.

Todos los fenómenos existen por convención, nada existe de manera inherente. Lo mismo ocurre con la mente, con Buda e incluso con la vacuidad misma. Todo es una mera designación de la mente. Todos los fenómenos tienen partes: los objetos físicos tienen partes físicas, y los inmateriales, atributos que la mente conceptual puede distinguir. Si utilizamos el razonamiento anterior, comprenderemos que ningún objeto puede encontrarse entre sus partes ni fuera de ellas, y que tampoco es el conjunto de sus partes, y de este modo podremos realizar la vacuidad de todos los fenómenos.

Resulta muy útil meditar en la vacuidad de los objetos que estimulan nuestras intensas perturbaciones mentales, como el odio o el apego. Por medio de un análisis correcto comprenderemos que ni los objetos que deseamos ni los que nos resultan desagradables existen por su propio lado. Su belleza o fealdad, e incluso su existencia misma, son designadas por la mente. Si pensamos de esta manera, descubriremos que no hay ningún motivo para sentir odio o apego.

LA VACUIDAD DE NUESTRA MENTE

En el *Adiestramiento de la mente en siete puntos*, después de enseñarnos cómo realizar la meditación analítica sobre la vacuidad de la existencia inherente de los fenómenos externos, como nuestro cuerpo, Gueshe Chekhaua nos aconseja que analicemos nuestra propia mente para comprender que también carece de existencia inherente.

Nuestra mente no es una entidad independiente, sino un continuo transitorio que depende de numerosos factores, como sus momentos anteriores, los objetos que percibe y los aires de energía sobre los que monta. Al igual que los demás fenómenos, nuestra mente es designada sobre un conjunto de partes y, por lo tanto, carece de existencia inherente. Por ejemplo, la mente primaria o consciencia posee cinco partes o factores mentales: la sensación, el discernimiento, la intención, el contacto y la atención. Ninguno de estos factores mentales ni el conjunto de ellos son la mente primaria porque son factores mentales y, por lo tanto, partes de ella. Sin embargo, la mente primaria no existe separada de estos factores mentales. La mente primaria no es más que una mera designación sobre los factores mentales que son sus bases de designación y, por lo tanto, no existe por su propio lado.

Cuando identifiquemos la naturaleza convencional de nuestra mente primaria, es decir, que es un continuo inmaterial que percibe objetos, debemos buscarla entre sus partes, la sensación, el discernimiento, la intención, el contacto y la atención, hasta que comprendamos que no es posible encontrarla. Esta imposibilidad de encontrar nuestra mente es su vacuidad o naturaleza última. Entonces pensamos:

Todo lo que aparece en mi mente posee su misma naturaleza, y la naturaleza de mi mente es vacuidad.

De este modo pensamos que todo se disuelve en la vacuidad. Solo percibimos la vacuidad de nuestra mente y meditamos en ella. Esta manera de meditar en la vacuidad de nuestra mente es más profunda que la meditación en la vacuidad de nuestro cuerpo. Poco a poco percibiremos con mayor claridad la vacuidad de nuestra mente y finalmente alcanzaremos la sabiduría inmaculada que realiza esta vacuidad de manera directa.

LA VACUIDAD DE NUESTRO YO

El objeto al que nos aferramos con más intensidad es el yo. Debido a las impresiones de la ignorancia del aferramiento propio que hemos acumulado desde tiempo sin principio, nuestro yo aparece ante nosotros como si tuviera existencia inherente, y nuestra mente de aferramiento propio automáticamente lo aprehende con firmeza de este modo. Aunque nos aferramos en todo momento al yo como si tuviera existencia inherente, incluso cuando dormimos, resulta difícil reconocer cómo aparece en nuestra mente. Para identificarlo, lo provocamos para que se manifieste con intensidad, contemplando situaciones en las que tenemos un sentido más fuerte del yo, como cuando nos sentimos avergonzados, turbados, atemorizados o indignados. Recordamos o imaginamos estas situaciones y, sin analizarlas ni juzgarlas, intentamos percibir con claridad la imagen mental del yo que aparece de manera espontánea y natural en estas circunstancias. Hemos de tener paciencia, puesto que es posible que necesitemos varias sesiones de meditación antes de conseguir percibirlo con claridad. Llegará un momento en que nos daremos cuenta de que el yo parece ser algo muy concreto y real, que existe por su propio lado sin depender del cuerpo ni de la mente. Este yo que aparece tan vívido es el yo con existencia inherente al que tanto queremos. Es el yo que defendemos cuando nos critican y del cual nos enorgullecemos cuando nos alaban.

Después de imaginar cómo surge el yo en situaciones extremas, intentamos identificar el modo en que se manifiesta normalmente, en circunstancias menos difíciles. Por ejemplo, podemos observar el yo que está leyendo este libro e intentar ver cómo aparece. Comprobaremos que aunque en este caso no sentimos el yo de manera tan intensa, aún lo percibimos como si existiera de forma inherente, por su propio lado y sin depender del cuerpo ni de la mente. Cuando tengamos la imagen de este yo inherente, nos con-

Yangchen Drubpey Doryhe

centramos en él de manera convergente durante cierto tiempo. A continuación, seguimos con la siguiente etapa de la meditación, que consiste en demostrar por medio de razonamientos lógicos que el yo con existencia inherente al que nos aferramos, en realidad, no existe.

Si el yo existe de la manera en que aparece, ha de hacerlo de una de las cuatro formas siguientes: siendo el cuerpo, la mente, el conjunto del cuerpo y de la mente o algo separado de estos dos. No existe ninguna otra posibilidad. Reflexionamos sobre ello con detenimiento hasta que nos hayamos convencido de que es así. Entonces, examinamos cada una de estas cuatro posibilidades:

1. Si el yo fuera el cuerpo, no tendría sentido decir: «Mi cuerpo» porque el poseedor y lo poseído serían lo mismo.

   Si el yo fuera el cuerpo, no habría renacimientos porque dejaría de existir cuando el cuerpo pereciese.

   Si el yo y el cuerpo fueran lo mismo, puesto que podemos tener fe, soñar, resolver problemas matemáticos, etcétera, se deduciría que nuestra carne, sangre y huesos podrían hacerlo también.

   Puesto que ninguna de estas hipótesis es cierta, queda claro que el yo no es el cuerpo.

2. Si el yo fuera la mente, no tendría sentido decir: «Mi mente» porque el poseedor y lo poseído serían lo mismo; pero, por lo general, cuando pensamos en nuestra mente, decimos: «Mi mente», lo cual indica con claridad que el yo no es la mente.

   Si el yo fuera la mente, puesto que cada persona tiene numerosos tipos de mentes, como las seis consciencias, mentes conceptuales y no conceptuales, etcétera, podría deducirse que cada persona posee tantos yoes como mentes; pero como esto es absurdo, podemos concluir que el yo no es la mente.

3. Puesto que ni el cuerpo ni la mente es el yo, el conjunto del cuerpo y la mente tampoco puede serlo. Si el conjunto del cuerpo y la mente es un conglomerado de objetos que no son el yo, ¿cómo puede este conjunto ser el yo? Por ejemplo, en una manada de vacas no hay ningún animal que sea una oveja y, por consiguiente, la manada en sí no puede ser una oveja. De la misma manera, ninguno de los dos elementos que forman el conjunto del cuerpo y la mente es el yo, por lo que el conjunto en sí tampoco puede serlo.

4. Si el yo no es el cuerpo ni la mente ni el conjunto de los dos, la única posibilidad que queda es que sea algo separado del cuerpo y de la mente. En ese caso, deberíamos ser capaces de aprehender el yo sin percibir el cuerpo o la mente; pero si imaginamos que estos dos desaparecen por completo, no quedaría nada que pudiera denominarse *yo*. Por lo tanto, se deduce que el yo no es algo que exista separado del cuerpo y de la mente.

Imaginemos que nuestro cuerpo se disuelve de manera gradual en el aire. Luego nuestra mente se desvanece, los pensamientos se los lleva el viento y nuestros sentimientos, deseos y consciencia también desaparecen. ¿Queda algo que sea el yo? Nada en absoluto. De este modo queda claro que el yo no es algo que exista separado del cuerpo y de la mente.

Tras haber examinado las cuatro posibilidades, no hemos conseguido encontrar el yo. Anteriormente decidimos que no había una quinta posibilidad, por lo tanto, concluimos que el yo con existencia inherente, que por lo general aparece tan vívido, no existe. Allí donde antes percibíamos el yo con existencia inherente, ahora solo encontramos su ausencia. Esta falta del yo con existencia inherente es una vacuidad, una verdad última.

Realizamos esta contemplación hasta que en nuestra mente aparezca la imagen genérica de la ausencia del yo con existencia inherente. Esta imagen es nuestro objeto de meditación de emplazamiento. Para familiarizarnos con él, nos concentramos en esta imagen sin distracciones durante tanto tiempo como podamos.

Debido a que desde tiempo sin principio nos hemos aferrado a un yo inherente y lo hemos querido más que a ninguna otra cosa, la experiencia de no poder encontrarlo en meditación puede resultarnos desconcertante al principio. Algunas personas se asustan porque creen que dejan de existir por completo y otras se alegran al comprobar que la causa de sus problemas desaparece. Ambas reacciones son señales de que nuestra meditación va por buen camino. Al cabo de cierto tiempo, estas reacciones iniciales disminuirán y nuestra mente alcanzará un mayor equilibrio. Entonces podremos meditar en la vacuidad con más calma y control.

Debemos dejar que la mente se absorba en el espacio infinito de la vacuidad durante tanto tiempo como podamos. Es importante recordar que el objeto de concentración es la vacuidad, la ausencia de un yo inherente y no un mero vacío. De vez en cuando, debemos vigilar nuestra meditación. Si nuestra mente se desvía hacia otro objeto u olvidamos el significado de la vacuidad y nos concentramos en una mera nada, debemos repetir las contemplaciones anteriores para percibir la vacuidad con claridad.

Quizás nos preguntemos: «Si el yo con existencia verdadera no existe, entonces, ¿quién está meditando? ¿Quién se va al terminar esta sesión de meditación, habla con otras personas y contesta cuando pronuncian mi nombre?». El hecho de que no hay nada en el cuerpo o en la mente, o fuera de ellos, que sea el yo, no significa que este no exista en absoluto. Aunque el yo no existe de ninguna de las cuatro maneras mencionadas, sí lo hace convencionalmente.

El yo no es más que una mera designación que la mente conceptual asigna al conjunto del cuerpo y la mente. Mientras estemos satisfechos con la mera designación *yo*, no hay ningún problema. Podemos pensar: «Yo existo», «Me voy a dar un paseo», etcétera. El problema surge cuando buscamos un yo distinto de la mera designación conceptual *yo*. La mente de autoaferramiento se aferra a un yo con existencia última, independiente de la designación conceptual, como si hubiera un verdadero yo encerrado en tal denominación. Si este yo existiera, deberíamos poder encontrarlo, pero aunque lo hemos intentado aplicando un análisis correcto, no lo hemos conseguido. La conclusión de esta búsqueda es que no es posible encontrar ese yo. Esta imposibilidad de encontrar el yo es su vacuidad o naturaleza última, y el yo que existe como una mera designación, su naturaleza convencional.

Cuando realizamos por primera vez la vacuidad, lo hacemos de manera conceptual, por medio de una imagen genérica. Si seguimos meditando en la vacuidad repetidas veces, la imagen genérica se irá desvaneciendo hasta desaparecer por completo y entonces percibiremos la vacuidad directamente. Esta realización directa de la vacuidad será nuestra primera percepción inequívoca o mente no contaminada. Hasta que realicemos la vacuidad de manera directa, todas nuestras mentes serán percepciones equívocas porque debido a las impresiones de la ignorancia del aferramiento propio, todos los fenómenos aparecerán como si tuvieran existencia inherente.

La mayoría de las personas se inclinan hacia el extremo de la existencia y piensan que si algo existe, debe hacerlo de manera inherente. De este modo, exageran el modo en que existen los objetos, sin sentirse satisfechos con sus meros nombres. Otras se inclinan hacia el extremo de la inexistencia, pensando que si los fenómenos no existen de manera inherente, no lo hacen en absoluto, y así exageran su ausencia de existencia inherente. Debemos comprender que aunque los fenómenos carecen por completo de existencia propia, existen de manera convencional, como meras apariencias que surgen en una mente válida.

Las mentes conceptuales que se aferran al yo y a los demás fenómenos como si tuvieran existencia verdadera son percepciones erróneas y, por lo tanto, hemos de abandonarlas, pero esto no significa que todos los pensamientos conceptuales sean percepciones erróneas y que también debamos abandonarlos. Existen numerosas mentes conceptuales correctas que resultan útiles en la vida diaria, como las que recuerdan lo que hemos hecho el día anterior o las que saben cómo preparar una taza de té. También hay numerosas mentes conceptuales que debemos cultivar en el camino espiritual. Por ejemplo, la bodhichita convencional en el continuo mental de un Bodhisatva es una mente conceptual porque aprehende su objeto, la gran iluminación, por medio de una imagen genérica. Además, para realizar la vacuidad de manera directa con una mente no conceptual, primero hemos de hacerlo por medio de un conocedor inferencial, el cual es una mente conceptual. Si contemplamos los razonamientos que refutan la existencia inherente, aparecerá en nuestra mente la imagen genérica de la ausencia o vacuidad de esta clase de existencia. Este es el único modo de lograr que la vacuidad aparezca en nuestra mente por primera vez. Luego, debemos meditar en esta imagen con una concentración cada vez más intensa hasta que finalmente percibamos la vacuidad de manera directa.

Algunas personas piensan que meditar en la vacuidad consiste solo en vaciar la mente de pensamientos conceptuales, y afirman que al igual que las nubes blancas oscurecen el sol tanto como las negras, los pensamientos conceptuales virtuosos oscurecen la mente tanto como los perjudiciales. Este razonamiento es incorrecto porque por mucho que intentemos eliminar los pensamientos conceptuales, si

Khedrub Tendzsin Tsondru

no nos esforzamos por comprender la verdadera vacuidad de manera intelectual, esta nunca aparecerá en nuestra mente. Es posible que logremos una experiencia vívida de un espacio vacío, pero esto solo es una ausencia de pensamientos conceptuales, y no la vacuidad, la naturaleza verdadera de los fenómenos. La meditación en este espacio vacío puede calmarnos de manera temporal, pero nunca eliminará las perturbaciones mentales ni nos liberará del samsara.

Cuando se reúnen las causas y condiciones atmosféricas apropiadas, aparecen las nubes, y sin ellas no pueden formarse. Las nubes dependen por completo de ciertas causas y condiciones, sin las cuales no se pueden formar. Lo mismo ocurre con las montañas, los planetas, los cuerpos, las mentes y todos los demás fenómenos producidos. Debido a que dependen de factores externos a ellos para existir, son vacíos de existencia inherente o independiente y no son más que meras designaciones de la mente.

Para comprenderlo mejor, podemos recordar las enseñanzas sobre el karma. ¿De dónde proceden nuestras experiencias, tanto agradables como desagradables? Según el budismo, son respectivamente el resultado del karma positivo o negativo que hayamos creado en el pasado. Como resultado de nuestro karma positivo, conocemos a personas amables y atractivas, disponemos de buenas condiciones materiales y vivimos en un lugar acogedor, pero debido a nuestro karma negativo, nos encontramos con personas y situaciones desagradables. Este mundo es el resultado del karma colectivo de los seres que lo habitan. Debido a que el karma tiene su origen en la mente, en particular, en nuestras intenciones, podemos deducir que el mundo surge de ella. Esto es similar al modo en que surgen las apariencias que percibimos cuando soñamos. Todos los objetos que percibimos en un sueño son el resultado de la maduración de impresiones kármicas en nuestra mente y no existen fuera de ella. Cuando nuestra mente se mantiene pura y serena, maduran impresiones virtuosas y tenemos apariencias agradables en los sueños, pero cuando está agitada, se activan las perjudiciales y tenemos pesadillas. Del mismo modo, las apariencias que surgen mientras estamos despiertos no son más que la maduración de impresiones kármicas virtuosas, perjudiciales o neutras en nuestra mente.

Cuando hayamos comprendido que los objetos funcionales surgen a partir de causas y condiciones externas o internas, y que carecen de existencia independiente, con solo percibir su producción o pensar en ella, recordaremos su vacuidad. Entonces, en lugar de aumentar nuestra sensación de solidez y objetividad de los fenómenos, comenzaremos a percibirlos como manifestaciones de su vacuidad, con una existencia tan poco concreta como la de un arco iris que aparece en el cielo vacío.

Al igual que la producción de los objetos funcionales depende de causas y condiciones, su cesación también lo hace y, por lo tanto, ni su producción ni su cesación tienen existencia verdadera. Por ejemplo, si se incendiara nuestro coche nuevo, nos enfadaríamos porque nos aferramos tanto a él como a su cesación como si tuvieran existencia verdadera; pero si comprendemos que nuestro coche no es más que una mera apariencia en la mente, como el coche que aparece en un sueño, su destrucción no nos afectará. Lo mismo ocurre con todos los objetos de apego: si comprendemos que tanto estos objetos como sus cesaciones carecen de existencia verdadera, no habrá motivos para deprimirnos cuando nos separemos de ellos.

Todos los fenómenos funcionales –nuestro entorno, disfrutes, cuerpo, mente y yo–, cambian momento a momento. Son impermanentes en el sentido de que no perduran en el segundo momento. Por ejemplo, el libro que leemos en este momento no es el mismo que el que leíamos hace un momento, y existe gracias a que este último ha cesado. Cuando comprendamos la impermanencia sutil, es decir, que nuestro cuerpo, mente, yo, etcétera, no perduran en el segundo momento, nos resultará más fácil entender que son vacíos de existencia inherente.

Aunque comprendamos que los fenómenos impermanentes carecen de existencia inherente, es posible que pensemos que los permanentes sí que existen de este modo porque no cambian ni surgen de causas y condiciones. No obstante, incluso los fenómenos permanentes, como la vacuidad y el espacio no producido o mera ausencia de obstrucción física, son objetos dependientes relacionados porque dependen de sus partes, de sus bases de designación y de las mentes que los designan y, por lo tanto, no existen de manera inherente. Aunque la vacuidad es una verdad última, no tiene existencia inherente o independiente porque también depende de sus partes, de sus bases de designación y de las mentes que la designan. Al igual que una moneda de oro no existe separada del metal del que está hecha, la vacuidad de nuestro cuerpo tampoco existe separada de él porque solo es su ausencia de existencia inherente.

Cuando vamos a algún lugar, pensamos: «Voy» y nos aferramos a la acción de ir como si tuviera existencia inherente. Del mismo modo, cuando alguien nos visita, pensamos: «Viene» y nos aferramos a la acción de venir como si tuviera existencia inherente. Estas dos concepciones son formas de aferramiento propio, y también percepciones erróneas. Cuando alguien se marcha, sentimos que una persona con existencia verdadera se va, y cuando vuelve, pensamos que una persona con existencia verdadera vuelve. Sin embargo, el ir y el venir de las personas es similar a la aparición y desaparición de un arco iris en el cielo. Cuando se producen las causas y condiciones para que aparezca un arco iris, este aparece, y cuando se producen las causas y condiciones para que desaparezca, desaparece; no obstante, el arco iris no viene de ningún sitio ni se va a ningún lugar.

Cuando observamos un objeto, como nuestro yo, sentimos con firmeza que es una entidad singular e indivisible, y que su singularidad tiene existencia inherente. Sin embargo, en realidad, nuestro yo tiene numerosas partes, como las que leen, escuchan, hablan o piensan, o las que son, por ejemplo, un maestro, una madre, una hija o una esposa. Nuestro yo es designado sobre el conjunto de estas partes. Al igual que los demás fenómenos, es una singularidad, pero esta no es más que una mera designación, al igual que un ejército es meramente designado a partir de un grupo de soldados o un bosque lo es a partir de un grupo de árboles.

Cuando percibimos varios objetos, pensamos que su pluralidad también tiene existencia inherente. No obstante, al igual que la singularidad, la pluralidad no es más que una mera designación de la mente y tampoco existe por parte del objeto. Por ejemplo, en lugar de percibir varios soldados o árboles individuales, podemos considerarlos como un ejército o un bosque, es decir, un grupo singular o agrupación, en cuyo caso estaríamos percibiendo una singularidad en lugar de una pluralidad.

En resumen, la singularidad no existe por su propio lado porque no es más que una designación sobre una pluralidad, sus diferentes partes. De igual modo, la pluralidad no existe por su propio lado porque no es más que una mera designación sobre una singularidad, el conjunto de sus partes. Por lo tanto, la singularidad y la pluralidad no son más que meras designaciones de la mente conceptual y carecen de existencia verdadera. Si comprendemos esto con claridad, no tendremos motivos para sentir odio ni apego hacia los objetos, ya sean singulares o plurales. Normalmente, tendemos a generalizar los defectos o cualidades de ciertas personas para justificar nuestro odio o apego hacia colectivos más amplios sobre la base de, por ejemplo, una raza, religión o nacionalidad. Contemplar la vacuidad de la singularidad y de la pluralidad nos puede servir de ayuda para reducir este tipo de odio y apego.

Aunque la producción, la cesación, etcétera, existen, no lo hacen de manera inherente o verdadera y las mentes conceptuales que se aferran a ellas como si existieran de este modo son ejemplos de ignorancia del aferramiento propio. Estas concepciones se aferran a los ocho extremos: la producción, la cesación, la impermanencia, la permanencia, el ir, el venir, la singularidad y la pluralidad, todos como si tuvieran existencia verdadera. Aunque estos extremos no existen, debido a nuestra ignorancia nos aferramos a ellos continuamente. Las concepciones que se aferran a estos extremos son la raíz de todas las perturbaciones mentales, y como estas nos inducen a cometer acciones contaminadas que nos mantienen atrapados en el samsara, son también la raíz del samsara.

El tema de los ocho extremos es muy profundo y requiere una exposición detallada y un amplio estudio. Buda lo expone con detalle en los *Sutras de la perfección de la sabiduría*. Además, Nagaryhuna, en su comentario a estos sutras titulado *Sabiduría fundamental*, utiliza numerosos y profundos razonamientos para probar que los ocho extremos no existen demostrando cómo todos los fenómenos carecen de existencia inherente. Al analizar las verdades convencionales, establece su naturaleza última y muestra la necesidad de comprender tanto la naturaleza convencional como la última de un fenómeno para comprenderlo por completo.

LAS VERDADES CONVENCIONALES Y ÚLTIMAS

Todos los fenómenos que existen son o una verdad convencional, o una verdad última, y puesto que la verdad última se refiere solo a la vacuidad, todos los demás objetos son verdades convencionales. Los objetos que vemos directamente, como las casas, los coches y las mesas, son verdades convencionales.

Todos los fenómenos excepto la vacuidad son falsos porque la manera en que aparecen no se corresponde con el

Doryhechang Phabongkha Trinley Gyatso

modo en que existen. Si una persona se muestra amable con nosotros, pero su verdadera intención es ganarse nuestra confianza para robarnos, diríamos que es falsa porque es muy distinta de lo que aparenta. Del mismo modo, los fenómenos, como las formas y los sonidos, son falsos o engañosos porque aparecen como si tuvieran existencia inherente, pero en realidad carecen por completo de ella. Debido a que la manera en que aparecen no se corresponde con el modo en que existen, se dice que las verdades convencionales son *fenómenos falsos* o *engañosos*. Una taza, por ejemplo, parece existir independiente de sus partes, de sus causas y de la mente que la aprehende, pero, en realidad, depende por completo de todas ellas. Debido a que la manera en que aparece en nuestra mente no se corresponde con el modo en que existe, la taza es un objeto falso.

Aunque las verdades convencionales son objetos falsos, existen porque la mente que percibe directamente una verdad convencional es una mente válida y completamente fidedigna. Por ejemplo, la consciencia visual que percibe de manera directa una taza sobre una mesa es una mente válida porque no nos engaña, ya que si nos acercamos para tocarla, la encontraremos en el lugar donde la vemos. De este modo, la consciencia visual que percibe una taza sobre una mesa es diferente de la que confunde el reflejo de una taza en un espejo con una real o la que ve agua en un espejismo. Aunque la taza es un objeto falso, desde el punto de vista práctico, la consciencia visual que la percibe es una mente válida y fidedigna. Sin embargo, aunque es válida, es equívoca porque el objeto aparece ante ella como si tuviera existencia verdadera. Es válida y no engañosa con respecto a las características convencionales de la taza, su posición, tamaño, color, etcétera, pero equívoca con respecto a su naturaleza última.

En resumen, los objetos convencionales son falsos porque aunque aparecen como si existieran por su propio lado, en realidad, no son más que meras apariencias en la mente, como los objetos que percibimos en sueños. No obstante, cuando soñamos, los objetos oníricos tienen una validez relativa y esto los distingue de los que no existen en absoluto. Supongamos que en un sueño robamos un diamante y luego alguien nos pregunta si fuimos nosotros quienes lo hicimos. Aunque el sueño no es más que una creación de nuestra mente, si decimos que sí, estaremos diciendo la verdad, y si lo negamos, estaremos mintiendo. Del mismo modo, aunque, en realidad, todo el universo no es más que una apariencia en la mente, de acuerdo con las experiencias de los seres ordinarios, podemos distinguir entre verdades relativas y falsedades relativas.

Las verdades convencionales pueden ser burdas o sutiles. Tomemos el ejemplo de un coche para comprender que todos los fenómenos tienen estos dos niveles de verdad convencional. El coche propiamente dicho, el que depende de sus causas y el que lo hace de sus partes son verdades convencionales burdas del coche. Se dice que son *burdas* porque pueden comprenderse con cierta facilidad. El coche que depende de sus bases de designación es más sutil y resulta más difícil de comprender, pero sigue siendo una verdad convencional burda. Las bases de designación del coche son sus partes. Para aprehender un coche, sus partes han de aparecer en nuestra mente o, de lo contrario, no podríamos pensar: «Coche». Por esta razón, las partes constituyen las bases de designación del coche. Decimos: «Veo un coche», pero, en realidad, solo vemos sus partes. Sin embargo, cuando pensamos: «Coche», al ver sus partes, percibimos el coche. No existe ningún coche, ningún cuerpo ni ningún otro fenómeno que no sea otro que sus partes. El coche que existe como una mera designación de la mente es la verdad convencional sutil del coche. Para comprenderlo, primero hemos de saber que el coche no es más que una mera designación de una mente válida. No podemos entender las verdades convencionales sutiles sin conocer primero la vacuidad. Cuando comprendamos por completo la verdad convencional sutil, habremos realizado las dos verdades, la convencional y la última.

En rigor, los términos *verdad*, *verdad última* y *vacuidad* son sinónimos porque las verdades convencionales no son verdades reales, sino objetos falsos. Son ciertos para la mente de aquellos que no han realizado la vacuidad, pero solo la vacuidad es verdad porque es el único fenómeno que existe del modo en que aparece. Cuando la mente de un ser sintiente percibe de manera directa verdades convencionales, como las formas, aparecen como si existieran por su propio lado. No obstante, cuando la mente de un Ser Superior percibe directamente la vacuidad, solo esta última aparece; su mente está mezclada por completo con la mera ausencia de existencia verdadera. La manera en que la vacuidad aparece en la mente de un perceptor directo no conceptual se corresponde exactamente con el modo en que existe.

Es importante señalar que aunque la vacuidad es una verdad última, tampoco existe de manera inherente. La vacuidad no es una realidad separada que existe por detrás de las apariencias convencionales, sino la naturaleza verdadera de estas últimas. No podemos hablar de la vacuidad de manera aislada porque siempre es la mera ausencia de existencia inherente de algo. Por ejemplo, la vacuidad de nuestro cuerpo es la ausencia de existencia inherente de nuestro cuerpo, y sin este último como base, esta vacuidad no podría existir. Debido a que la vacuidad depende necesariamente de una base, carece de existencia inherente.

En su *Guía de las obras del Bodhisatva*, Shantideva define la *verdad última* como «el fenómeno que es verdad para la mente no contaminada de un Ser Superior». La mente no contaminada es la que realiza la vacuidad de manera directa. Esta mente es la única percepción inequívoca y solo los Seres Superiores la poseen. Debido a que las mentes no contaminadas son inequívocas, todo lo que perciben de manera directa como verdad es necesariamente una verdad última. En cambio, lo que un ser ordinario percibe como verdad nunca puede ser una verdad última porque sus mentes son equívocas y con ellas no pueden percibir la verdad de manera directa.

Debido a las impresiones de los pensamientos conceptuales que se aferran a los ocho extremos, todo lo que aparece en la mente de los seres ordinarios lo hace como si tuviera existencia inherente. Solo la sabiduría de la meditación estabilizada que realiza la vacuidad de manera directa está libre de las impresiones o impurezas de los pensamientos conceptuales. Esta es la única sabiduría libre de apariencias equívocas.

Cuando un Bodhisatva Superior medita en la vacuidad, su mente se mezcla por completo con ella, sin apariencia alguna de existencia inherente. Con esta meditación, adquiere una sabiduría no contaminada, completamente pura, llamada *bodhichita última*. Sin embargo, cuando surge de la meditación estabilizada, debido a las impresiones del aferramiento propio, los fenómenos convencionales aparecen de nuevo en su mente como si tuvieran existencia inherente, y su sabiduría no contaminada deja de manifestarse de manera temporal. Solo un Buda puede manifestar su sabiduría no contaminada al mismo tiempo que percibe de manera directa las verdades convencionales. Una característica exclusiva de los Budas es que su mente realiza en todo momento las dos verdades, la convencional y la última, de manera directa y simultánea. La bodhichita última tiene diferentes niveles. Por ejemplo, la que se alcanza con la práctica tántrica es más profunda que la que se logra en el camino del sutra, y la de un Buda es la suprema.

Cuando por medio de razonamientos correctos comprendamos la vacuidad del primer extremo, el de la producción, nos resultará fácil entender la de los otros siete. Cuando comprendamos la vacuidad de los ocho extremos, habremos entendido la de todos los fenómenos. Después de alcanzar esta realización, hemos de continuar contemplando la vacuidad de los fenómenos producidos, etcétera, y meditar en ella. Cuando logremos una meditación profunda, sentiremos como si todos los objetos se disolvieran en la vacuidad. Entonces, podremos mantener una concentración convergente en la vacuidad de todos los fenómenos.

Para meditar en la vacuidad de los fenómenos producidos, podemos pensar lo siguiente:

> *Existe un yo que renace una y otra vez en el samsara. Este yo es un fenómeno producido porque su existencia depende de causas y condiciones, como su continuo previo y su karma y, por lo tanto, carece de existencia verdadera. Si busco un yo entre mi cuerpo y mente o fuera de ellos, no puedo encontrarlo. En lugar de aparecer en mi mente un yo con existencia verdadera, lo hace una vacuidad, semejante al espacio.*

Entonces, sentimos que nuestra mente entra en esta vacuidad, semejante al espacio, y permanece en ella de manera convergente. De este modo, intentamos mantener la apariencia de la vacuidad de la existencia inherente del yo. Aunque en nuestra mente solo aparezca una vacuidad, semejante al espacio, sabemos que es la ausencia del yo con existencia verdadera. Debemos mantener tanto la apariencia de esta vacuidad como el especial entendimiento de su significado. Esta meditación se denomina *meditación estabilizada en la vacuidad semejante al espacio*.

Al igual que las águilas vuelan majestuosamente por la espaciosidad del cielo sin encontrar obstáculos y mantienen su vuelo sin apenas esforzarse, los meditadores avanzados pueden concentrarse en la vacuidad durante mucho tiempo también con un mínimo esfuerzo. Sus mentes planean por el espacio de la vacuidad sin distracciones. Debemos meditar en la vacuidad al igual que lo hacen estos meditadores. Cuando hayamos encontrado el objeto de meditación, la mera ausencia del yo con existencia inherente, hemos de abandonar nuestro análisis y dejar que la mente permanezca en la experiencia de esta vacuidad. De vez en cuando, debemos comprobar que no hemos perdido la apariencia clara de la vacuidad ni el reconocimiento de su significado, pero hemos de hacerlo con cuidado para no interrumpir la concentración. Nuestra meditación no debe ser como el vuelo de un pequeño pájaro, que bate sus alas con rapidez y cambia de dirección sin cesar, sino como el del águila, que planea con suavidad ajustando un poco las alas de vez en cuando. Si meditamos de este modo, sentiremos que nuestra mente se disuelve en la vacuidad y se funde en ella.

Si logramos hacer esto correctamente, el aferramiento propio dejará de manifestarse durante la meditación, pero si hacemos demasiado hincapié en la inspección y el análisis, no dejaremos que nuestra mente se relaje en el espacio de la vacuidad y, en consecuencia, nuestra meditación no servirá para reducir nuestro aferramiento propio.

Por lo general, hemos de mejorar nuestra comprensión de la vacuidad con un amplio estudio, abordándola desde diferentes ángulos y aplicando diversos razonamientos. También es importante familiarizarnos del todo con una meditación completa sobre la vacuidad, contemplándola repetidas veces y sabiendo cómo aplicar los razonamientos que nos lleven a una experiencia de esta última. Cuando lo logremos, nos concentramos en la vacuidad de manera convergente e intentamos que nuestra mente se mezcle con ella, como agua vertida en agua.

LA UNIÓN DE LAS DOS VERDADES

La unión de las dos verdades significa que la naturaleza de las verdades convencionales, como nuestro cuerpo, y la de las últimas, como la vacuidad de nuestro cuerpo, es la misma. El propósito principal de comprender esta unión y de meditar en ella es evitar las apariencias duales, es decir, las apariencias de existencia inherente que surgen en la mente que medita en la vacuidad, y permitir, por lo tanto, que nuestra mente se disuelva en este objeto. Cuando lo consigamos, nuestra meditación en la vacuidad tendrá poder para eliminar las perturbaciones mentales. Si identificamos de manera correcta el cuerpo con existencia inherente, lo negamos y meditamos en su mera ausencia con profunda concentración, este se disolverá en la vacuidad. Entonces, comprenderemos que la naturaleza verdadera de nuestro cuerpo es su vacuidad y que este no es más que una manifestación de ella.

La vacuidad se puede comparar con el cielo, y nuestro cuerpo, con su color azul. Al igual que el color azul del cielo es una manifestación de este último y no puede separarse de él, nuestro cuerpo no es más que una manifestación de su vacuidad y no puede separarse de ella. Si comprendemos esto, cuando meditemos en la vacuidad de nuestro cuerpo, sentiremos como si este se disolviera en su naturaleza última. De este modo, podremos eliminar con facilidad la apariencia convencional de nuestro cuerpo durante la meditación y nuestra mente se mezclará con la vacuidad de manera natural.

En el *Sutra del corazón*, el Bodhisatva Avalokiteshvara dice: «La forma no es otra que la vacuidad». Esto significa que los fenómenos convencionales, como nuestro cuerpo, no existen separados de su vacuidad. Si meditamos en la vacuidad de nuestro cuerpo con este entendimiento, sabremos que la vacuidad que aparece en nuestra mente es la naturaleza de nuestro cuerpo, y que fuera de ella, este no existe. Al meditar de este modo, reduciremos el aferramiento propio en gran medida. Si adquirimos la firme convicción de que la naturaleza de nuestro cuerpo y la de su vacuidad es la misma, sin lugar a dudas nuestro aferramiento propio se debilitará.

Aunque podemos dividir la vacuidad desde el punto de vista de sus bases y hablar de la vacuidad del cuerpo, de la

Yongdzsin Doryhechang Losang Yeshe

del yo, etcétera, en realidad, la naturaleza de todas las vacuidades es la misma. Si reunimos diez botellas, podremos distinguir diez espacios diferentes dentro de cada una de ellas, pero, en realidad, la naturaleza de todos ellos es la misma. No obstante, si rompemos las botellas, los espacios de cada una de ellas no se podrán distinguir. Del mismo modo, aunque podemos hablar de la vacuidad del cuerpo, de la mente, del yo, etcétera, en realidad, su naturaleza es la misma y no se pueden distinguir. La única manera de hacerlo es desde el punto de vista de sus bases convencionales.

Al comprender que la naturaleza de todas las vacuidades es la misma, obtendremos principalmente dos beneficios: durante las sesiones de meditación nuestra mente se mezclará con la vacuidad con mayor facilidad, y en los descansos percibiremos todas las apariencias por igual como manifestaciones de su vacuidad.

Mientras sintamos que nuestra mente y la vacuidad están separadas, que nuestra mente está «aquí» y la vacuidad «allí», no conseguiremos que se mezclen. Si comprendemos que la naturaleza de todas las vacuidades es la misma, podremos reducir esta distancia. En la vida diaria experimentamos objetos agradables, desagradables y neutros, y reaccionamos ante ellos de distinta manera. Debido a que pensamos que las diferencias entre ellos existen por su propio lado, nuestra mente no es ecuánime y sentimos apego hacia los objetos agradables, aversión hacia los que nos resultan desagradables e indiferencia hacia los neutros. Resulta difícil mezclar una mente tan desequilibrada con la vacuidad. Por lo tanto, debemos comprender que aunque los fenómenos aparecen con diversos aspectos, en esencia, son todos vacíos. Sus diferencias no son más que percepciones de las mentes equívocas; desde el punto de vista de la verdad última, todos los fenómenos son iguales en la vacuidad. Para un meditador cualificado que se concentra de manera convergente en la vacuidad, no hay diferencia entre la producción y la cesación, la permanencia y la impermanencia, el ir y el venir, la singularidad y la pluralidad, todo es igual en la vacuidad, y los problemas causados por el apego, el odio y la ignorancia del aferramiento propio desaparecen. En esta experiencia todo es apacible, cómodo, equilibrado, armonioso, gozoso y maravilloso. No hay calor ni frío, alto ni bajo, aquí ni allí, yo ni los demás, y tampoco hay samsara, todo es igual en la paz de la vacuidad. Esta realización se denomina *yoga de igualar el samsara y el nirvana* y se describe con detalle tanto en los sutras como en los tantras.

Puesto que la naturaleza de todas las vacuidades es la misma, la naturaleza última de la mente que medita en la vacuidad es la misma que la de su objeto. Al principio, cuando meditamos en la vacuidad, esta aparece como un fenómeno separado de nuestra mente, pero cuando comprendemos que la naturaleza de todas las vacuidades es la misma, sabemos que esta separación no es más que la experiencia de una mente equívoca. En realidad, nuestra mente y la vacuidad tienen el mismo sabor. Si aplicamos este conocimiento en nuestras meditaciones, nos resultará más fácil eliminar la apariencia de la naturaleza convencional de nuestra mente y disolver esta última en la vacuidad.

Cuando surgimos de la meditación en la que mezclamos nuestra mente con la vacuidad, percibimos todos los fenómenos por igual como manifestaciones de su vacuidad. En lugar de pensar que los objetos agradables, desagradables y neutros tienen diferencias inherentes, comprendemos que en esencia su naturaleza es la misma. Al igual que las olas del mar, ya sean suaves o impetuosas, están todas compuestas de agua, las formas atractivas y repulsivas son todas manifestaciones de la vacuidad. Cuando lo comprendamos, disfrutaremos de una mente ecuánime y apacible. Reconoceremos todas las apariencias convencionales como un juego mágico de la mente y no nos aferraremos a sus aparentes diferencias con tanta intensidad.

En cierta ocasión, Milarepa impartía enseñanzas sobre la vacuidad a una mujer y comparó la verdad última con el cielo, y las verdades convencionales, con las nubes, y le dijo que meditase en el cielo. La mujer siguió bien sus instrucciones, pero le surgió un problema: cuando meditaba en el cielo de la vacuidad, todo desaparecía y no podía establecer la existencia convencional de los fenómenos. Entonces, le dijo a Milarepa: «Me resulta fácil meditar en el cielo, pero no consigo establecer las nubes, enséñame a meditar en ellas». Milarepa respondió: «Si puedes meditar en el cielo de manera correcta, las nubes no serán un problema, puesto que estas simplemente aparecen en el cielo, de él surgen y en él se disuelven. A medida que mejores tu experiencia del cielo, irás comprendiendo las nubes de manera natural».

En tibetano, la palabra *namkha* significa 'cielo' y también 'espacio', aunque sean dos cosas distintas. Existen dos clases de espacio: producido y no producido. El espacio producido es aquel que podemos ver, por ejemplo, en una habitación o en el cielo. Este espacio es oscuro por la noche y luminoso durante el día y, puesto que cambia de este modo, es un fenómeno impermanente. La característica principal del espacio producido es que no obstruye a otros objetos, es decir, que si hay espacio en una habitación, podemos colocar cosas en ella sin obstrucción. Del mismo modo, los pájaros pueden volar por el cielo debido a la carencia de obstrucción del espacio, mientras que no pueden hacerlo a través de una montaña. Por lo tanto, el espacio producido carece o es vacío de contacto obstructor, y esta mera ausencia o vacuidad de contacto obstructor es el espacio no producido.

Debido a que el espacio no producido es la mera ausencia de contacto obstructor, no cambia momento a momento y, por lo tanto, es un fenómeno permanente. Mientras que el espacio producido es visible y resulta fácil de comprender, el no producido no es más que una mera ausencia de contacto obstructor y es más sutil. Sin embargo, comprender el espacio no producido nos ayudará a entender la vacuidad.

La única diferencia entre el espacio no producido y la vacuidad es su objeto de negación. El objeto de negación del espacio no producido es el contacto obstructor, mientras que el de la vacuidad es la existencia inherente. Puesto que el espacio no producido es un fenómeno similar a la vacuidad, se utiliza a menudo en los sutras y en otras escrituras como la mejor analogía para comprender la vacuidad. El espacio no producido es un fenómeno negativo no afirmante, es decir, un fenómeno que se comprende con la mera eliminación del objeto negado sin comprender ningún fenómeno positivo. El espacio producido es un fenómeno positivo, es decir, un fenómeno que la mente comprende sin necesidad de eliminar de manera explícita un objeto de negación. Para una descripción más detallada de estos dos fenómenos, véase *Océano de néctar*.

LA PRÁCTICA DE LA VACUIDAD EN NUESTRAS ACTIVIDADES DIARIAS

En nuestras actividades diarias debemos considerar que todas las apariencias son ilusorias. Aunque percibamos todos los objetos como si tuvieran existencia inherente, hemos de recordar que estas apariencias son engañosas y que, en realidad, todos los fenómenos carecen de existencia verdadera. Cuando un mago hace aparecer un tigre ilusorio, este surge con gran claridad en su mente, pero el mago sabe que no es más que una ilusión. La misma apariencia del tigre le recuerda que, en realidad, este no existe. Del mismo modo, cuando tengamos familiaridad con la vacuidad, el hecho de que los objetos parezcan tener existencia propia nos recordará que no existen de esta manera. Por lo tanto, hemos de reconocer que todo lo que percibimos en la vida diaria es como una ilusión y carece de existencia verdadera. De este modo, nuestra sabiduría aumentará día a día y nuestra ignorancia del aferramiento propio y demás perturbaciones mentales irán disminuyendo de manera natural.

Durante los descansos de la meditación debemos ser como un actor. Cuando un actor interpreta el papel de un rey, se viste, habla y actúa como un rey, pero sabe que, en realidad, no lo es. Del mismo modo, hemos de vivir y actuar en el mundo convencional, pero recordando que tanto nosotros mismos como las personas que nos rodean y nuestro entorno no son las entidades con existencia verdadera que parecen ser. No son más que meras proyecciones de nuestra mente y su naturaleza verdadera es la vacuidad.

Si pensamos de este modo, podremos vivir en el mundo convencional sin aferrarnos a él. No daremos excesiva importancia a las cosas y tendremos la flexibilidad mental para responder ante todas las situaciones de manera constructiva. Si reconocemos que todo lo que percibimos es una mera apariencia, cuando percibamos objetos atractivos, no nos aferraremos a ellos ni sentiremos apego, y cuando percibamos objetos desagradables, tampoco nos aferraremos a ellos ni sentiremos odio o aversión.

En el texto *Adiestramiento de la mente en siete puntos*, Gueshe Chekhaua dice: «Considera que todos los fenómenos son como sueños». Algunos de los objetos que percibimos en sueños son agradables, y otros, desagradables, pero todos son meras apariencias en nuestra mente del sueño. No existen por su propio lado y carecen de existencia inherente. Lo mismo ocurre con los objetos que percibimos cuando estamos despiertos, también son meras apariencias en la mente y carecen de existencia propia.

Todos los fenómenos carecen de existencia inherente. Cuando vemos un arco iris, parece ocupar un determinado lugar en el espacio y pensamos que si nos acercáramos a él, podríamos llegar a tocarlo. Sin embargo, sabemos que por

Doryhechang Kelsang Gyatso Rimpoché

mucho que busquemos uno de sus extremos, no lo encontraremos, puesto que cuando lleguemos al lugar donde creemos que toca el suelo, habrá desaparecido. Si no buscamos el arco iris, este aparece con claridad, pero cuando lo hacemos, no podemos encontrarlo. Todos los fenómenos son así. Si no los analizamos, aparecen con claridad, pero cuando los buscamos de manera analítica e intentamos aislarlos de todo lo demás, desaparecen.

Si un fenómeno existiera de manera inherente, al analizarlo e intentar separarlo de los demás, deberíamos de poder encontrarlo. No obstante, todos los fenómenos son como el arco iris, si los buscamos, no podemos encontrarlos. Al principio es normal que esta idea nos resulte desconcertante y difícil de aceptar, pero si nos familiarizamos con ella, nos parecerá cada vez más natural y razonable y finalmente nos daremos cuenta de que se corresponde con la realidad.

Es importante comprender que la vacuidad no es lo mismo que la nada. Aunque los objetos no existen por su propio lado, independientes de la mente, sí que lo hacen en el sentido de que son percibidos por una mente válida. El mundo que experimentamos en el estado de vigilia es similar al que percibimos durante el sueño. No podemos afirmar que los objetos que aparecen en sueños no existen, pero si creemos que son algo más que meras apariencias de la mente, es decir, que existen «ahí fuera», cometeremos un grave error y nos daremos cuenta de ello cuando despertemos.

No hay mejor método para disfrutar de paz interior y felicidad que comprender la vacuidad y meditar en ella. Puesto que el aferramiento propio nos mantiene atrapados en la prisión del samsara y es la causa de nuestro sufrimiento, la meditación en la vacuidad es la solución universal a todos nuestros problemas. Es la medicina que nos cura de las enfermedades físicas y mentales, y el néctar que nos concede la felicidad permanente del nirvana y la iluminación.

Como se ha mencionado con anterioridad, el Mahamudra del tantra es una sola mente que tiene dos partes: 1) la experiencia de gran gozo, y 2) la realización de la vacuidad de manera directa. Podemos conseguir lo primero practicando las enseñanzas tántricas de Buda, que se presentan en la dos primeras partes de este libro, y lo segundo practicando sus enseñanzas del sutra, que se exponen en esta tercera parte. De este modo alcanzaremos la realización del Mahamudra del tantra, que llenará nuestra vida de un significado inconcebible.

Dedicación

Que gracias a las virtudes acumuladas al escribir este libro todo el sufrimiento desaparezca de inmediato, disfrutemos de alegría y felicidad, y el Dharma sagrado florezca sin cesar.

Apéndice 1

El Tantra raíz de Heruka y Vajrayoguini

Introducción

Los *Tantras raíz de Heruka* pertenecen al tantra del yoga supremo de budismo vajrayana. Buda enseñó los *Tantras raíz conciso, medio* y *extenso de Heruka,* aunque solo el conciso, que consta de cincuenta y un capítulos, fue traducido del sánscrito al tibetano.

También se tradujeron varios comentarios de Buda Shakyamuni a este *Tantra raíz conciso* y de otros maestros budistas indios, como los *Mahasidhas* Naropa y Lauapa. Posteriormente, eruditos tántricos tibetanos también escribieron sus comentarios basados en el de Yhe Tsongkhapa titulado *Iluminación clara de los significados ocultos.*

He traducido los capítulos primero y último del *Tantra raíz conciso de Heruka* del tibetano al inglés. Como dijo Yhe Tsongkhapa, cada palabra del Tantra raíz encierra varios significados; he traducido el significado oculto y no las meras palabras. Mi objetivo al hacerlo así es beneficiar a las personas que viven en este mundo moderno.

Gueshe Kelsang Gyatso 2003

El Tantra raíz de Heruka y Vajrayoguini

Proclamado por el Ser Bienaventurado, Buda Shakyamuni, en respuesta a la súplica de Vajrapani.

Por lo tanto, revelaré el gran secreto
–las instrucciones de las etapas del camino de Heruka–,
lo insuperable de todo lo insuperable
que satisface el deseo de alcanzar todos los logros.

Genera la tierra pura de Heruka con la mansión celestial,
y a ti mismo como el glorioso Buda Heruka abrazando a Vajravarahi
con un séquito de treinta y seis *Dakinis* y veinticuatro Héroes;
en el secreto supremo del gran gozo
reúne siempre la naturaleza de todo.
Así pues, Heruka, que es designado sobre este gran gozo,
inseparable de la vacuidad de todos los fenómenos,
es el Ser Bienaventurado, el Heruka definitivo,
la síntesis de todos los *Dakas* y Dakinis.
Y el Heruka que aparece con un cuerpo de color azul,
cuatro rostros y doce brazos
es el Heruka interpretativo, que se enseña como compromiso [para practicar].
El secreto supremo del gran gozo
surge al fundirse las gotas dentro del canal central;
por lo tanto, resulta difícil encontrar en el mundo

una persona que experimente este gozo.
Cuando lo analizamos, no hay cuerpo;
debes comprender todos los fenómenos de este mismo modo.
Los compromisos, las meditaciones, las recitaciones
y los demás rituales serán revelados.

Los practicantes siempre deben hacer ofrendas,
ya sea de manera extensa o breve,
a la asamblea de Deidades del mandala de Heruka,
especialmente los días décimo y vigésimo quinto de cada mes.
Con la motivación de la compasiva mente de bodhichita
y la sabiduría que realiza la vacuidad de todos los fenómenos,
el practicante puede confiar en las tres Mensajeras
–ya sea una emanación, posea realizaciones
o mantenga los compromisos con pureza–.
El gozo que surge al fundir tus propias gotas
debes ofrecerlo a Heruka, que reside en tu corazón.
Puesto que Heruka siempre está en el corazón del practicante
y es inseparable de él o ella,
quien vea, escuche, toque o recuerde a este practicante,
sin lugar a dudas recibirá las bendiciones de Heruka.
Los practicantes tienen el gran poder de curarse a sí mismos
y de acumular méritos y sabiduría;
pueden alcanzar realizaciones con rapidez
gracias a la meditación y a la recitación de los mantras.
Como práctica básica debes mantener siempre los compromisos,
puesto que si los rompes, perderás las bendiciones
que recibiste cuando te fue otorgada la iniciación
y, por lo tanto, no alcanzarás ningún logro.
El gozo que se obtiene al fundirse las gotas en el canal central

unido por completo con la vacuidad de todos los fenómenos
es el secreto supremo del gran gozo
que da lugar a los cinco logros
–el de pacificación, el de prosperidad, el de control,
el de las acciones coléricas
y el de la iluminación suprema–.

Al penetrar el punto del extremo inferior de tu canal central
en el momento en que está unido al extremo inferior del canal central del *mudra*,
el aire de sabiduría entrará en tu canal central;
si adquieres una experiencia profunda en esta meditación
alcanzarás el secreto supremo del gran gozo.
También puedes confiar en los cuatro mudras y practicarlos
–el mudra del compromiso, el de acción, el del fenómeno y el gran mudra–;
las cuatro maneras de abrazarse deben ser conocidas.
El gozo que experimenta este practicante puro
no lo pueden igualar ni dioses ni humanos.
El lugar donde medites en el gran secreto
puede ser una montaña, un bosque, un cementerio, un pueblo o una ciudad.
Después de encontrar un lugar adecuado libre de obstáculos
debes esforzarte en todo momento por alcanzar
el mandala soporte de Heruka y su contenido.

Así concluye el capítulo primero, titulado «Síntesis del *Tantra raíz de Heruka*».

Las otras instrucciones, que son difíciles de encontrar
y están ocultas en las escrituras
–el modo de realizar los mandalas de Heruka–,
serán reveladas también con brevedad.

Para comenzar, debes meditar en el significado de Shri Heruka,
la unión del gran gozo y la vacuidad.
Luego, medita en la imaginación correcta que cree
que el lugar en el que te encuentras es la verdadera tierra pura de Heruka
que aparece en el aspecto del mandala soporte,
el círculo de protección y la mansión celestial;
tu cuerpo es el secreto supremo del gran gozo
que aparece bajo la forma del cuerpo azul de Heruka,
adornado con los cinco ornamentos
y abrazando a la consorte de sabiduría Vajravarahi;
la naturaleza de tu palabra es la del mantra *AHLIKALI*,
la fuente de todos los mantras;
recibes las bendiciones y la iniciación;
tu cuerpo está adornado con la protección interna,
el círculo de protección de la armadura de mantras;
las Deidades de las cinco ruedas aparecen en la mansión celestial;
los seres migratorios de los seis reinos son purificados
al emanar rayos de luz de sabiduría;
haces ofrendas externas, internas y del mantra de ocho versos;
te adiestras en la apariencia clara y el orgullo divino
más allá de las concepciones y apariencias ordinarias
–de este modo he revelado los catorce puntos esenciales–.

Aquellos que realicen con sinceridad esta práctica
purificarán sus faltas con rapidez,
obtendrán siempre renacimientos superiores con buena fortuna
y alcanzarán el estado del Buda Vencedor.

Al igual que el fuego reduce a cenizas cualquier objeto con rapidez,
las recitaciones y meditaciones de Heruka y Vajrayoguini
también eliminan el sufrimiento con rapidez.
Cuando estos practicantes vayan a morir,
varias emanaciones aparecerán ante ellos
con ofrendas, como flores y música melodiosa,
y los conducirán a la tierra pura de Keajra.
Para estos practicantes, la muerte no es más que un mero nombre
–son simplemente trasladados de la prisión del samsara
a la tierra pura de Buda Heruka–.
Puesto que la buena fortuna de poder practicar el tantra de Heruka
será muy difícil de encontrar en el futuro,
no debes desperdiciar la oportunidad que tienes ahora.
Los doce brazos de Heruka indican que el practicante será liberado
de los doce vínculos de relación dependiente del samsara;
pisando sobre Bhairava y Kalarati muestra la victoria sobre los *maras*
–por lo tanto, debes esforzarte por practicar estas instrucciones–.
Genérate como la [Deidad] principal del mandala
rodeada de los Héroes y Yoguinis de las cinco ruedas,
que se deleitan con el secreto supremo del gran gozo.
Al finalizar la sesión, tanto el mandala soporte como su contenido

se disuelven en la unión del gran gozo y la vacuidad
–medita en esta unión–.
De ella debes surgir como la Deidad de acción Heruka,
que realiza las prácticas subsiguientes.

El Ser Bienaventurado aparece bajo diferentes aspectos
para beneficiar a todos los seres sintientes según sus
deseos.
De entre los diversos métodos que el Ser
Bienaventurado ha mostrado
para satisfacer los diferentes deseos de los seres
sintientes,
las instrucciones del *sutra* y de las cuatro clases de
tantra –el de acción, ejecución, yoga y el del yoga
supremo– son supremas.
Nunca debes abandonar el tantra del yoga supremo,
sino comprender que tiene un significado inconcebible
y que es la esencia misma del *Budadharma*.
A aquellos que no comprenden la verdadera naturaleza
de los fenómenos, la vacuidad,
les resultará difícil comprender el profundo significado
del tantra del yoga supremo.
Sin embargo, las emanaciones de Buda Vajradhara están
en todas partes
y el linaje de Buda de todos los seres está siempre con
ellas;
por lo tanto, finalmente todos los seres sintientes, sin
excepción,
alcanzarán el estado supremo de la iluminación, la
Budeidad.

Así concluye el capítulo cincuenta y uno, titulado «La conclusión del *Tantra raíz de Heruka*».

El mantra conciso de Heruka, Vajrayoguini, las treinta y seis Dakinis, y los veinticuatro Héroes:

OM HUM BAM RIM RIM LIM LIM, KAM KHAM GAM GHAM NGAM, TSAM TSHAM DZSAM DZSHAM ÑIAM, TRAM THRAM DRAM DHRAM NAM, TAM THAM DAM DHAM NAM, PAM PHAM BAM BHAM, YAM RAM LAM VAM, SHAM KAM SAM HAM HUM HUM PHET

Que por el beneficio de todos los seres sintientes
me convierta en Heruka
y guíe a todos los seres sintientes
al estado supremo de Heruka.

Colofón: Este texto ha sido traducido por el venerable Gueshe Kelsang Gyatso.

Apéndice 2

Descripción de los canales

Descripción de los canales

Hay tres canales principales: el central, el derecho y el izquierdo. El canal central es como la vara de una sombrilla, atraviesa el centro de todos los chakras o ruedas de canales, y está flanqueado por los canales laterales, uno a la izquierda y otro a la derecha. El canal central es de color azul claro por fuera y tiene los siguientes cuatro atributos: 1) es recto como el tronco de un platanero, 2) por dentro es de color rojo intenso, como el de la sangre, 3) es claro y transparente, como la llama de una vela y 4) es muy suave y flexible como un pétalo de loto.

El canal central se encuentra exactamente en medio del cuerpo, entre los dos hombros, pero más cerca de la espalda. Justo delante de la espina dorsal está el canal de la vida, que es bastante grueso, y delante de él, el canal central. Como se ha mencionado con anterioridad, este comienza en el entrecejo, desde donde se arquea ascendiendo hasta la coronilla y desde allí desciende en línea recta hasta la punta del órgano sexual. Aunque normalmente se conoce como *canal central*, también recibe el nombre de *dos abandonos* porque al reunir los aires internos en este canal abandonamos toda la actividad negativa asociada con los aires de los canales derecho e izquierdo. Además, también se denomina *canal de la mente* y *Rahu*.

A cada lado del canal central, sin espacio intermedio, se encuentran los canales derecho e izquierdo. El canal derecho es de color rojo, y el izquierdo, blanco. El canal derecho comienza en el orificio nasal derecho, y el izquierdo, en el izquierdo. A partir de ahí, los dos ascienden en forma de arco hasta la coronilla, a cada lado del canal central. Desde la coronilla, estos tres canales descienden hasta el ombligo manteniéndose paralelos y adyacentes. Al llegar debajo del ombligo, el canal izquierdo se curva ligeramente hacia la derecha separándose un poco del canal central y volviéndose a unir con él en la punta del órgano sexual, donde realiza la función de retener y derramar el semen, la sangre y la orina. Cuando el canal derecho llega debajo del ombligo, se curva un poco hacia la izquierda y termina en el ano, donde ejerce la función de retener y soltar las heces, etcétera.

El canal derecho también se llama *canal solar, canal de la palabra* y *canal del sostenedor subjetivo*. Este último nombre indica que los aires que fluyen por este canal causan la aparición de las concepciones asociadas a la mente subjetiva. El canal izquierdo también se suele denominar *canal lunar, canal del cuerpo* y *canal del objeto sostenido*. Este último nombre indica que los aires internos que fluyen por este canal causan la aparición de las concepciones asociadas al objeto.

Los canales laterales se enroscan al canal central en varios lugares formando lo que se llaman nudos. Los cuatro puntos donde se encuentran estos nudos son, en orden ascendente, los chakras del ombligo, del corazón, de la garganta y de la coronilla. En cada uno de estos lugares, excepto en el corazón, hay dos nudos formados por una vuelta del canal derecho y otra del izquierdo. Al ascender hacia estos puntos, los canales derecho e izquierdo se enroscan al canal central cruzándolo por delante y dándole una vuelta. Luego, siguen ascendiendo hasta el siguiente nudo. En la rueda de canales o chakra del corazón ocurre lo mismo, pero en este lugar hay seis nudos formados por tres vueltas de cada canal lateral entrecruzadas.

Estos nudos se producen en cuatro de los seis chakras principales. En cada uno de ellos, un determinado número de pétalos o radios se ramifican del canal central al igual que las varillas de una sombrilla salen de la vara. Por ejemplo, en el chakra de la coronilla, conocido como *rueda del gran gozo*, hay treinta y dos pétalos o radios de canales de color blanco. El centro del chakra es triangular con uno de los vértices apuntando hacia adelante. (Esta es la forma interior que tiene el nudo enroscado y de donde salen los radios, visto desde arriba.) Estos treinta y dos radios se curvan hacia abajo, como las varillas de una sombrilla que está de pie. En la tabla 1 se muestran las características de los cuatro chakras principales donde están situados los nudos.

Tabla 1 Los cuatro chakras principales

ubicación	*nombre*	*forma del centro*	*número de radios*	*color*	*dirección del arco*
coronilla	rueda del gran gozo	triangular	treinta y dos	blanco	hacia abajo
garganta	rueda del deleite	circular	dieciséis	rojo	hacia arriba
corazón	rueda del Dharma	circular	ocho	blanco	hacia abajo
ombligo	rueda de la emanación	triangular	sesenta y cuatro	rojo	hacia arriba

Estos cuatro chakras contienen un total de ciento veinte radios. De los otros dos chakras principales, el del lugar secreto tiene treinta y dos radios de color rojo arqueados hacia abajo, y el de la joya tiene ocho radios de color blanco arqueados hacia arriba. Es importante señalar que según algunos textos, los radios de la coronilla, del ombligo y del lugar secreto pueden visualizarse de varios colores.

Puesto que el chakra del corazón es el más importante, a continuación se describe con mayor detalle. Los ocho radios o pétalos de este chakra se encuentran en las cuatro direcciones cardinales y en las cuatro intermedias, y la parte de delante apunta hacia el este. Por cada radio fluye principalmente el aire que soporta un determinado elemento, tal y como se indica en la tabla 2.

Tabla 2 Los radios del chakra del corazón

dirección	*aire que soporta*
este	el del elemento tierra
norte	el del elemento aire
oeste	el del elemento fuego
sur	el del elemento agua
sudeste	el del elemento de la forma
sudoeste	el del elemento del olor
noroeste	el del elemento del sabor
noreste	el del elemento del objeto tangible

De cada uno de estos ocho pétalos o radios del chakra del corazón se ramifican tres, sumando un total de veinticuatro. Estos son los canales de los veinticuatro lugares, que se dividen en tres grupos: los de la rueda de la mente, de color azul y que contienen principalmente aires; los de la rueda de la palabra, de color rojo y que contienen principalmente gotas rojas; y los de la rueda del cuerpo, de color blanco y que contienen principalmente gotas blancas. Cada canal se dirige hacia una parte diferente del cuerpo. Estas partes son los veinticuatro lugares internos. Cuando practicamos la sadhana extensa de Heruka, visualizamos las Deidades del mandala corporal en estos lugares.

Los extremos externos de los ocho canales de la rueda de la mente terminan en: 1) el punto frontal del cabello, 2) la coronilla, 3) el oído derecho, 4) la nuca, 5) el oído izquierdo, 6) el entrecejo (el punto entre las dos cejas), 7) los dos ojos y 8) los dos hombros. Los de la rueda de la palabra terminan en: 9) las dos axilas, 10) los dos pechos, 11) el ombligo, 12) la punta de la nariz, 13) la boca, 14) la garganta, 15) el corazón –la zona entre los dos pechos–, 16) los dos testículos o las dos paredes de la vagina. Por último, los de la rueda del cuerpo terminan en: 17) la punta del órgano sexual, 18) el ano, 19) los dos muslos, 20) las dos pantorrillas, 21) los ocho dedos de las manos y los ocho de los pies exceptuando los pulgares, 22) los dos empeines, 23) los dedos pulgares de las manos y de los pies, y 24) las dos rodillas.

Cada uno de estos veinticuatro canales se ramifica en otros tres, que se distinguen por los elementos principales que fluyen por ellos –aires internos, gotas rojas o gotas blancas–. De cada uno de los setenta y dos canales salen otros mil, sumando un total de setenta y dos mil. Es importante para un practicante del tantra del yoga supremo familiarizarse con la disposición de los canales, puesto que si controlamos los aires internos y las gotas que fluyen por ellos, alcanzaremos la unión del gran gozo espontáneo y la vacuidad.

Los aires internos del cuerpo de una persona corriente fluyen por la mayoría de estos canales excepto por el canal central. Debido a que estos aires internos son impuros, las mentes que los montan también lo son, y mientras estos aires internos continúen fluyendo por los canales secundarios, sustentarán las diversas concepciones negativas que nos mantienen atrapados en el samsara. Sin embargo, con la meditación podemos hacer que estos aires entren en el canal central, donde ya no podrán sostener las concepciones burdas de apariencias duales. Con una mente libre de estas apariencias, podremos alcanzar una realización directa de la verdad última, la vacuidad.

Los veinticuatro lugares internos del mandala corporal de Heruka se corresponden con los veinticuatro lugares externos, que se encuentran en diferentes partes del mundo. Aunque los practicantes con un karma puro perciben estos últimos como tierras puras, las demás personas los ven como lugares ordinarios.

Apéndice 3

Descripción de los aires internos

Descripción de los aires internos

El *aire* se define como «aquel de los cuatro elementos que pesa poco y se mueve». Los aires pueden ser externos o internos y burdos o sutiles. El aire externo burdo es el que sopla en un día de viento. El aire externo sutil es más difícil de detectar: es la energía que hace crecer las plantas y que existe incluso en las rocas y las montañas. Gracias a los aires sutiles, las plantas pueden absorber el agua, crecer las ramas, etcétera. Estos aires son la fuerza vital de las plantas. En algunos textos tántricos el aire se denomina *fuerza vital*. Por lo tanto, aunque es incorrecto decir que las plantas tienen vida en el sentido de poseer mente, podemos afirmar que están vivas del modo en que se ha descrito.

Los aires internos forman parte del continuo de una persona y circulan por los canales de su cuerpo. La función principal de estos aires es desplazar la mente hacia su objeto. La función de la mente es aprehender los objetos, pero sin el aire que le sirve de montura no puede moverse hacia su objeto ni conectar con él. En ocasiones, a la mente se la compara con una persona coja pero que puede ver, y al aire, con un ciego que puede andar. Las mentes sólo pueden funcionar porque están enlazadas con sus aires internos.

Hay muchas clases de aires internos circulando por los canales de nuestro cuerpo, pero se pueden clasificar en cinco raíz y cinco secundarios. Los cinco aires raíz son:

1) El aire que sustenta la vida.
2) El aire descendente evacuador.
3) El aire ascendente movedor.

Tabla 3 Los aires raíz

	el aire que sustenta la vida	*el aire descendente evacuador*	*el aire ascendente movedor*	*el aire que permanece por igual*	*el aire que lo impregna todo*
color	blanco	amarillo	rojo	verde/amarillo	azul claro
familia de Buda	Akshobya	Ratnasambhava	Amitabha	Amoghasidhi	Vairochana
elemento	agua	tierra	fuego	aire	espacio
ubicación	el corazón	las dos puertas inferiores: el ano y el órgano sexual	la garganta	el ombligo	las partes superiores e inferiores del cuerpo, principalmente las 360 articulaciones
función	sustentar y mantener la vida	retener y soltar la orina, los excrementos, el esperma, la sangre, etc.	permitir hablar, tragar, etc.	hacer que el fuego interno se encienda, permitir digerir los alimentos, bebidas, etc.	permitir que el cuerpo se desplace; permitir el movimiento, y poder levantar y colocar objetos
dirección	por los dos orificios nasales, suavemente hacia abajo	por los dos orificios nasales, horizontalmente, con fuerza hacia adelante	por el orificio derecho, violentamente hacia arriba	por el orificio izquierdo, moviéndose hacia la izquierda y la derecha por el borde de este orificio	este aire no fluye por los canales excepto en el momento de la muerte

4) El aire que permanece por igual.
5) El aire que lo impregna todo.

Cada uno de los cinco aires raíz tiene seis características por las que se pueden reconocer: 1) su color, 2) la familia de Buda con el que está asociado, 3) el elemento al que sirve de soporte, 4) su asiento o ubicación principal, 5) su función y 6) su dirección (cómo sale al exhalarlo). Estas características pueden encontrarse en la tabla 3.

El aire que sustenta la vida se denomina *aire de Akshobya* porque cuando lo purificamos por completo se transforma en la naturaleza de este Buda. De momento, nuestro aire que sustenta la vida es como la semilla del Cuerpo de la Forma de Akshobya, pero no es el mismo Akshobya. La función principal de este aire es dar sustento a la vida manteniendo la conexión entre el cuerpo y la mente. Cuanto más fuerte sea este aire, más larga será nuestra vida. Otra de las funciones de este aire es sustentar el elemento agua de nuestro cuerpo e incrementarlo. El aire que sustenta la vida es de color blanco y reside principalmente en el corazón. Cuando exhalamos sale por ambos orificios nasales y fluye suavemente hacia abajo.

El aire descendente evacuador es la semilla del Cuerpo de la Forma de Ratnasambhava y está asociado con el elemento tierra. Es de color amarillo y su función es soltar las heces, el esperma y la sangre menstrual. Principalmente se ubica en el ano y en el órgano sexual, y cuando exhalamos sale por ambos orificios nasales de manera horizontal y fluye con fuerza hacia adelante.

El aire ascendente movedor es la semilla del Cuerpo de la Forma de Buda Amitabha y está asociado con el elemento fuego. Es de color rojo y su función es permitirnos ingerir los alimentos y bebidas, hablar, toser, etcétera. Reside principalmente en la garganta y, cuando exhalamos, sale por el orificio nasal derecho y fluye con violencia hacia arriba.

El aire que permanece por igual es la semilla del Cuerpo de la Forma de Amoghasidhi y está asociado con el elemento aire. Es de color amarillo verdoso y su función es hacer que arda el fuego interno, así como posibilitar la digestión de los alimentos separando los elementos nutritivos de la materia que hay que desechar. Está emplazado principalmente en el ombligo y, cuando exhalamos, sale por el orificio nasal izquierdo moviéndose hacia la izquierda y la derecha desde el borde del orificio nasal.

El aire que lo impregna todo es la semilla del Cuerpo de la Forma de Vairochana y está asociado con el elemento espacio. Es de color azul claro y, como su nombre indica, impregna todo el cuerpo, en particular las trescientas sesenta articulaciones. Su función es permitir que el cuerpo se mueva, por lo que sin él seríamos como una piedra, incapaces de movernos, y sólo sale por los orificios nasales en el momento de la muerte.

Por lo general, uno de los aires internos siempre sale por los orificios nasales con más fuerza que los demás. Si, por ejemplo, el aire que sustenta la vida sale con mayor fuerza, los demás aires (excepto el que lo impregna todo) lo harán suavemente. Si no lo observamos con mucha atención, es difícil notar los diferentes movimientos de los cuatro aires internos, pero no hay duda de que al respirar los expulsamos por los orificios nasales.

Los aires internos secundarios son:

1) El aire movedor.
2) El aire de intenso movimiento.
3) El aire de perfecto movimiento.
4) El aire de fuerte movimiento.
5) El aire de definitivo movimiento.

Los cinco aires secundarios se denominan de tal forma porque surgen del aire que sustenta la vida, que reside en el corazón. Están situados principalmente en los cuatro canales radiales del chakra del corazón, desde los que circulan por nuestros canales hacia las cinco puertas de los poderes sensoriales. Dado que su función es permitir el desarrollo de las percepciones sensoriales, también se conocen como *cinco aires de los poderes sensoriales*. El color y la función de cada uno de los aires secundarios pueden encontrarse en la tabla 4.

Tabla 4 Los aires secundarios

nombre	*color*	*función*
El aire movedor	rojo	permitir que la percepción visual se desplace hacia las formas visuales
El aire de intenso movimiento	azul	permitir que la percepción auditiva se desplace hacia los sonidos
El aire de perfecto movimiento	amarillo	permitir que la percepción olfativa se desplace hacia los olores
El aire de fuerte movimiento	blanco	permitir que la percepción gustativa se desplace hacia los sabores
El aire de definitivo movimiento	verde	permitir que la percepción corporal se desplace hacia los objetos tangibles

El primer aire, el movedor, viaja desde el corazón hasta las puertas de los ojos para permitir que la percepción visual se desplace hacia su objeto, las formas visuales. Sin este aire, la percepción visual no podría contactar con las formas visuales. Cuando dormimos no podemos ver porque el aire movedor se ha retirado de la puerta del poder sensorial de la vista y se ha vuelto a asentar en el corazón.

El aire de intenso movimiento viaja desde el corazón hasta los oídos, haciendo posible que la percepción auditiva se desplace hacia los sonidos; el aire de perfecto movimiento viaja desde el corazón hasta los orificios nasales permitiendo que la percepción olfativa se desplace hacia los olores; el aire de fuerte movimiento viaja desde el corazón hasta la lengua, haciendo posible que la percepción gustativa se desplace hacia los sabores; y el aire de definitivo movimiento viaja desde el corazón hasta todas las partes del cuerpo, permitiendo que la percepción corporal se desplace hacia los objetos tangibles.

El aire descendente evacuador, el ascendente movedor, el que permanece por igual, el que lo impregna todo y los cinco secundarios, son aires internos burdos. El aire que sustenta la vida tiene tres grados: burdo, sutil y muy sutil. La mayoría de los aires sobre los que montan los pensamientos conceptuales son aires burdos que sustentan la vida; los aires sobre los que montan las mentes de apariencia blanca, del rojo creciente y la negra del logro cercano son aires sutiles que sustentan la vida; y el aire sobre el que monta la mente de luz clara es el aire muy sutil que sustenta la vida.

El aire que sustenta la vida es muy importante. Si se manifiesta un aire impuro que sustenta la vida, generaremos pensamientos conceptuales perjudiciales, pero si lo purificamos se pacificarán. Realizamos todas las meditaciones con la percepción mental, y esta necesariamente monta sobre el aire que sustenta la vida.

Cada uno de los cinco aires de los poderes sensoriales y el aire burdo que sustenta la vida constan de dos componentes: un aire que genera un determinado tipo de percepción y otro que desplaza la mente hacia su objeto. Estos doce aires normalmente fluyen por los canales derecho e izquierdo y son los objetos principales que hemos de purificar con la recitación vajra, como se expone en *Caminos y planos tántricos* y *Esencia del vajrayana*. Si queremos eliminar las distracciones, es necesario provocar que estos aires entren, permanezcan y se disuelvan en el canal central.

Apéndice 4

Yoga del Héroe Vajra

PRÁCTICA CONCISA ESENCIAL DE LA AUTOGENERACIÓN DEL MANDALA CORPORAL DE HERUKA

Y

YOGA CONCISO DE LAS SEIS SESIONES

Introducción

Aquellos que no se sientan capaces de realizar la sadhana extensa de Heruka, *Esencia del vajrayana*, pueden comenzar con este breve yoga esencial de la autogeneración del mandala corporal de Heruka. El significado detallado de esta práctica puede comprenderse de la sadhana extensa *Esencia del vajrayana* y su comentario, que lleva el mismo título.

Es muy importante mejorar nuestra fe y convencimiento en esta práctica y para ello podemos leer con detenimiento su comentario. Con un entendimiento claro y fe firme podemos disfrutar de esta práctica esencial del tantra del yoga supremo y alcanzar la meta última de la existencia humana.

Yoga del Héroe Vajra

PRÁCTICAS PRELIMINARES

Visualización de los objetos de refugio y del Campo de Méritos

Ante mí en el espacio se encuentra Guru Heruka, Padre y Madre, rodeado de la asamblea de los Gurus, Yidams, Budas, Bodhisatvas, Dakinis y Protectores del Dharma.

Refugio y generación de la bodhichita aspirante

Por siempre voy a refugiarme
en Buda, el Dharma y la Sangha.
Para el beneficio de todos los seres sintientes
voy a convertirme en Heruka. (x3)

Generación de la bodhichita comprometida

A fin de conducir a todos los maternales seres sintientes
al estado de la felicidad última,
voy a alcanzar en esta misma vida y lo antes posible
el estado de la Unión de Buda Heruka.
Con este propósito voy a practicar las etapas del
sendero de Heruka. (x3)

Yoga del Guru

Oración de las siete ramas

Respetuosamente me postro con cuerpo, palabra y mente,
os presento ofrendas materiales e imaginadas,
confieso mis malas acciones del pasado,
y me regocijo de las virtudes de los Seres Superiores y ordinarios.
Por favor, permaneced junto a nosotros hasta el fin del samsara,
y girad la Rueda del Dharma a los seres migratorios.
Dedico todas las virtudes para la gran iluminación de Heruka.

Ofrecimiento del mandala

Os ofrezco esta base con flores y ungida de incienso,
con el Monte Meru, los cuatro continentes, el sol y la luna,
percibida como una tierra pura de Buda.
Que todos los seres puedan disfrutar de una tierra pura.

Aceptad, por favor, los objetos de mi apego, odio e ignorancia,
mi amigo, enemigo y desconocido, así como mi cuerpo y posesiones,
que sin sentimiento de pérdida os ofrezco.
Y bendecidme para que me libere de los tres venenos mentales.

IDAM GURU RATNA MANDALAKAM NIRIATAYAMI

Súplica a nuestro Guru raíz

A medida que se incrementa la impureza de los tiempos,
tu poder y bendiciones aumentan,
y cuidas de nosotros con prontitud, veloz como el
pensamiento;
¡Oh, mi Guru raíz Heruka, Padre y Madre!, por favor,
concédeme tus bendiciones. (3x)

Absorción del Guru y generación del gran gozo espontáneo

El Campo de Méritos se absorbe de manera gradual desde el exterior y se disuelve en mi Guru raíz, Heruka, que complacido viene hacia mí y se sienta en mi coronilla. Desciende por mi canal central hasta mi corazón, me uno con él por completo y experimento gran gozo espontáneo.

LA PRÁCTICA EN SÍ DE LA ETAPA DE GENERACIÓN

Transformación de la muerte en el camino del Cuerpo de la Verdad

De la sílaba HUM en mi corazón irradian rayos de luz que disuelven en luz todos los mundos junto con sus habitantes. Esto se disuelve en mí y yo también me fundo en luz de manera gradual, de abajo arriba, y me absorbo en la sílaba HUM en mi corazón. La sílaba HUM se disuelve en etapas, de abajo arriba, hasta la nada. La nada, a su vez, va reduciéndose de tamaño hasta desaparecer en la vacuidad de la luz clara. Soy el Cuerpo de la Verdad de Heruka.

Transformación del estado intermedio en el camino del Cuerpo de Deleite

Del estado de la vacuidad mi mente aparece bajo el aspecto de la nada. Soy el Cuerpo de Deleite de Heruka.

Transformación del renacimiento en el camino del Cuerpo de Emanación

De YAM, RAM, BAM, LAM, SUM y PAM surgen los cuatro elementos, el Monte Meru y el loto. En medio del loto aparece un disco lunar de color blanco rojizo que surge de las vocales y las consonantes. Su naturaleza es la de las bodhichitas roja y blanca de Guru Heruka, Padre y Madre. Yo, la nada, entro en el centro del disco lunar y me transformo de manera gradual en la sílaba HUM.

De la sílaba HUM irradian rayos de luz de cinco colores que conducen a todos los seres sintientes al estado de Chakrasambara. Al mismo tiempo invitan a todos los Héroes y Heroínas a que acudan desde las tierras de Buda en las diez direcciones. Todos ellos se disuelven en luz y se funden en la sílaba HUM, que adquiere la naturaleza del gozo espontáneo. El disco lunar, las vocales, las consonantes y la sílaba HUM se transforman en su totalidad, de una vez y por completo, en el mandala soporte y en su contenido. Soy el Cuerpo de Emanación de Heruka.

Soy Heruka, mi naturaleza es la de mi gota blanca indestructible. Mi cuerpo es de color azul oscuro, tengo cuatro rostros y doce brazos. Abrazo a Vajravarahi, cuya naturaleza es mi gota roja indestructible. Estoy rodeado por los Héroes y Heroínas de las cinco ruedas, cuya naturaleza es la de mis gotas y canales purificados. Resido en el mandala, la mansión celestial, cuya naturaleza es la de mi cuerpo burdo purificado.

Invocación de los Seres de Sabiduría, su disolución en los Seres de Compromiso e iniciación

¡PHEM!
Mis tres lugares están marcados por las tres sílabas. De la sílaba HUM irradian rayos de luz que invitan a todos los Budas de las diez direcciones a que acudan bajo el mismo aspecto que el de los visualizados, junto con las Deidades iniciadoras. Todos los Seres de Sabiduría se absorben en el mandala soporte y en su contenido.

DZSA HUM BAM HO
Los Seres de Sabiduría se vuelven inseparables de los Seres de Compromiso.

Las Deidades iniciadoras confieren la iniciación, mi cuerpo se llena a rebosar de néctar y experimento gozo. El néctar sobrante de mis coronillas se transforma por completo, y la Deidad Principal queda adornada con Vajrasatva, Vajravarahi con Akshobya, las cuatro Madres con Ratnasambhava, las Deidades de la rueda del corazón con Akshobya, las Deidades de la rueda de la palabra con Amitabha, las Deidades de la rueda del cuerpo con Vairochana y las Deidades de la rueda de compromiso con Amoghasidhi.

Ofrendas y alabanzas para las Deidades de la autogeneración del mandala corporal

De mi corazón emanan innumerables Diosas de inconcebible belleza portadoras de ofrendas que realizan alabanzas y me presentan sus ofrendas y elogios a mí generado como Heruka Padre y Madre.

Ofrendas externas

OM ARGHAM PARTITZSA SOHA
OM PADIAM PARTITZSA SOHA

OM ENTZSAMANAM PARTITZSA SOHA
OM VAJRA PUPE AH HUM SOHA
OM VAJRA DHUPE AH HUM SOHA
OM VAJRA DIVE AH HUM SOHA
OM VAJRA GENDHE AH HUM SOHA
OM VAJRA NIUDE AH HUM SOHA
OM VAJRA SHAPTA AH HUM SOHA

OM AH VAJRA ADARSHE HUM
OM AH VAJRA VINI HUM
OM AH VAJRA GENDHE HUM
OM AH VAJRA RASE HUM
OM AH VAJRA PARSHE HUM
OM AH VAJRA DHARME HUM

Ofrenda interna

OM HUM BAM RIM RIM LIM LIM, KAM KHAM GAM GHAM NGAM, TSAM TSHAM DZSHAM ÑIAM, TRAM THRAM DRAM DHRAM NAM, TAM THAM DAM DHAM NAM, PAM PHAM BAM BHAM, YAM RAM LAM UAM, SHAM KAM SAM HAM HUM HUM PHAT OM AH HUM

Ofrenda secreta y de la talidad

Yo, el Principal, Padre y Madre, entramos en unión. La bodhichita se disuelve y al descender de mi coronilla a mi garganta experimento gozo, al descender de mi garganta a mi corazón experimento gozo supremo, al descender de mi corazón a mi ombligo experimento gozo extraordinario y al descender de mi ombligo a la punta de mi gema experimento el gran gozo espontáneo inseparable de la vacuidad. La Deidad Principal y todo su séquito experimentan la especial y excelsa sabiduría del gozo y la vacuidad.

Alabanza

Ante el glorioso Heruka, Padre y Madre,
cuya naturaleza es la de la compasión de todos los Budas,
y ante todos los Héroes y Heroínas de las cinco ruedas,
respetuosamente me postro.

Ahora, 1) al mismo tiempo que experimentas gran gozo y vacuidad, 2) medita en la apariencia clara del mandala y de las Deidades 3) y genera orgullo divino, 4) mientras reconoces que la naturaleza de las Deidades es la de tus gotas y canales purificados, y que la del mandala es la de tu cuerpo burdo purificado.

De esta manera, adiéstrate con sinceridad en una sola concentración dotada de las cuatro características de la etapa de generación burda o sutil. Al reconocer la cuarta característica –que la naturaleza de las Deidades es la de tus gotas y canales purificados, y que la del mandala, la de tu cuerpo burdo purificado– esta concentración se convierte en la verdadera meditación del mandala corporal.

Cuando necesites descansar de la meditación, puedes recitar el mantra.

Bendición del *mala*

El mala se convierte en la vacuidad. Desde el estado de la vacuidad, cada cuenta aparece como tal, con la naturaleza de Pemanarteshvara, la palabra vajra de todos los Budas.

Visualización para la recitación de los mantras

El mantra que se recita desciende de la sílaba HUM en mi corazón, sale por la punta de mi vajra, entra en la *bhaga* de mi consorte, asciende, sale por su boca, entra en la mía, desciende y se disuelve en la HUM. De nuevo realiza el mismo recorrido, saliendo de mi canal central y entrando otra vez en él. Mis cuatro rostros y todas las Deidades de mi séquito recitan los mantras.

Recita los mantras siguientes tantas veces como puedas:

El mantra esencial del Padre

OM SHRI VAJRA HE HE RU RU KAM HUM HUM PHET DAKINI DZSALA SHAMBARAM SOHA

El mantra esencial cercano del Padre

OM HRIH HA HA HUM HUM PHET

El mantra esencial de la Madre

OM VAJRA BEROTZSANIYE HUM HUM PHET SOHA

El mantra esencial cercano de la Madre

OM SARVA BUDDHA DAKINIYE VAJRA VARNANIYE HUM HUM PHET SOHA

El mantra conciso esencial de las sesenta Deidades del séquito

OM RIM RIM LIM LIM, KAM KHAM GAM GHAM NGAM, TSAM TSHAM DZSAM DZSHAM ÑIAM, TRAM THRAM DRAM DHRAM NAM, TAM THAM DAM DHAM NAM, PAM PHAM BAM BHAM, YAM RAM LAM VAM, SHAM KAM SAM HAM HUM HUM PHET

Ahora, si lo deseas, ofrece las tormas *y el* tsog *como se indica en la sadhana extensa* Esencia del vajrayana.

Dedicación

Así pues, que gracias a las virtudes acumuladas al
realizar correctamente las ofrendas, alabanzas,
recitaciones y meditaciones
de la etapa de generación del Glorioso Heruka,
complete todas las etapas
de los caminos comunes y extraordinarios.

Que por el beneficio de todos los seres sintientes
me convierta en Heruka
y guíe a todos los seres migratorios,
sin excepción, al estado supremo de Heruka.

Y si no logro este supremo estado en esta vida,
que en el momento de mi muerte me encuentre con el
venerable Padre y Madre junto con su séquito,
con nubes de las más hermosas ofrendas, música
celestial
e innumerables augurios excelentes y auspiciosos.

Entonces, que al final de la luz clara de la muerte
sea conducido a la Tierra Pura de las Dakinis,
la morada de los Sostenedores del Conocimiento que
practican el sendero supremo,
y que allí complete con rapidez este profundo sendero.

Que la práctica y las instrucciones más profundas de
Heruka,
en las que se adiestraron millones de poderosos yoguis,
aumenten;
y que permanezcan durante mucho tiempo sin
degenerar
como la entrada principal para los que buscan la
liberación.

Que los Héroes, las Dakinis y sus séquitos,
que moran en los veinticuatro lugares supremos de este
mundo

y poseen un poder sin obstrucciones para practicar este
método,
nunca vacilen en ayudar a los practicantes.

Oraciones auspiciosas

Que sean favorables los auspicios de un gran tesoro de
bendiciones
que surge de las excelentes obras de todos los Gurus
raíz y del linaje,
y que han realizado el logro supremo de Buda Heruka
siguiendo el excelente sendero secreto del Rey de los
Tantras.

Que sean favorables los auspicios de las grandes y
excelentes obras de las Tres Joyas;
la sagrada Joya del Buda, la naturaleza de Heruka que
se manifiesta por doquier;
la última y gran Joya secreta del Dharma, las escrituras
y realizaciones del Tantra de Heruka;
y la suprema Joya de la Sangha, las asambleas de las
Deidades del séquito de Heruka.

Que gracias a la buena fortuna de las preciosas
mansiones celestiales,
vastas como tres millares de mundos
y embellecidas con ornamentos semejantes a los rayos
del sol y de la luna,
todos los mundos y sus habitantes disfruten de
felicidad, bondad, gloria y prosperidad.

Oraciones de la tradición virtuosa

Para que la tradición de Yhe Tsongkhapa,
el Rey del Dharma, pueda florecer,
que todos los obstáculos sean pacificados
y que abunden las condiciones favorables.

Que gracias a las dos acumulaciones, mías y de otros,
reunidas durante los tres tiempos,
pueda la doctrina del Vencedor Losang Dragpa
brillar para siempre.

Oración de nueve versos de *migtsema*

Tsongkhapa, corona de los eruditos de la Tierra de las Nieves,
eres Buda Shakyamuni y Vajradhara, fuente de todas las realizaciones,
Avalokiteshvara, tesoro de compasión inconcebible,
Manyhushri, suprema sabiduría inmaculada,
y Vajrapani, destructor de la multitud de maras.
¡Oh venerable Guru Buda!, síntesis de las Tres Joyas,
con respeto, con mi cuerpo, palabra y mente, te suplico;
bendícenos a mí y a los demás seres para que nos liberemos y realicemos,
y concédenos las realizaciones comunes y supremas.
(x3)

Yoga conciso de las seis sesiones

Las personas que han recibido una iniciación del tantra del yoga supremo tienen el compromiso de realizar el yoga del Guru de las seis sesiones. Si estamos muy ocupados, podemos cumplir con nuestro compromiso de las seis sesiones realizando cada día la práctica siguiente: primero recordamos los diecinueve compromisos de las cinco familias de Budas, y a continuación, con una fuerte determinación de guardar estos compromisos con pureza, recitamos el Yoga conciso de las seis sesiones.

LOS DIECINUEVE COMPROMISOS DE LAS CINCO FAMILIAS DE BUDAS

Los seis compromisos de la familia de Buda Vairochana

1. Refugiarse en Buda.
2. Refugiarse en el Dharma.
3. Refugiarse en la Sangha.
4. Abstenerse de cometer acciones perjudiciales.
5. Practicar la virtud.
6. Beneficiar a los demás.

Los cuatro compromisos de la familia de Buda Akshobya

1. Guardar un vajra para recordar el gran gozo.
2. Guardar una campana para recordar la vacuidad.
3. Generarse uno mismo como la Deidad.
4. Confiar con sinceridad en el Guía Espiritual.

Los cuatro compromisos de la familia de Buda Ratnasambhava

1. Dar ayuda material.
2. Dar Dharma.
3. Dar protección.
4. Dar amor.

Los tres compromisos de la familia de Buda Amitabha

1. Confiar en las enseñanzas del sutra.
2. Confiar en las enseñanzas de las dos clases inferiores del tantra.
3. Confiar en las enseñanzas de las dos clases superiores del tantra.

Los dos compromisos de la familia de Buda Amoghasidhi

1. Hacer ofrendas al Guía Espiritual.
2. Esforzarse por guardar con pureza todos los votos prometidos.

YOGA CONCISO DE LAS SEIS SESIONES

En el Guru y en las Tres Joyas me refugio.
Con un vajra y una campana me genero como la Deidad y hago ofrendas.
Confío en los Dharmas del sutra y del tantra y me abstengo de cometer acciones perjudiciales.
Practico todos los Dharmas virtuosos y ayudo a los seres migratorios con las cuatro prácticas del dar.

Los diecinueve compromisos están contenidos en esta oración. La línea «En el Guru y en las Tres Joyas me refugio» contiene los tres primeros compromisos de la familia de Buda Vairochana –refugiarse en Buda, refugiarse en el Dharma y refugiarse en la Sangha–. La palabra «Guru» se refiere al cuarto compromiso de la familia de Buda Akshobya –confiar con sinceridad en el Guía Espiritual–.

La frase «Con un vajra y una campana me genero como la Deidad» se refiere a los tres primeros compromisos de la familia de Buda Akshobya –guardar un vajra para recordar el gran gozo, guardar una campana para recordar la vacuidad y generarse uno mismo como la Deidad–. Al decir «y hago ofrendas» cumplimos con el primer compromiso de la familia de Buda Amoghasidhi –hacer ofrendas al Guía Espiritual–.

La frase «Confío en los Dharmas del sutra y del tantra» se refiere a los tres compromisos de la familia de Buda Amitabha –confiar en las enseñanzas del sutra, confiar en las enseñanzas de las dos clases inferiores del tantra y confiar en las enseñanzas de las dos clases superiores del tantra–.

Las palabras «y me abstengo de cometer acciones perjudiciales» contienen el cuarto compromiso de la familia de Buda Vairochana –abstenerse de cometer acciones perjudiciales–.

«Practico todos los Dharmas virtuosos» se refiere al quinto compromiso de la familia de Buda Vairochana –practicar la virtud–. Las palabras «y ayudo a los seres migratorios» contienen el sexto compromiso de la familia de Buda Vairochana –beneficiar a los demás–. Al decir «con las cuatro prácticas del dar» cumplimos con los cuatro compromisos de la familia de Buda Ratnasambhava –dar ayuda material, dar Dharma, dar protección y dar amor–.

Finalmente, la oración completa se refiere al segundo compromiso de la familia de Buda Amoghasidhi –esforzarse por guardar con pureza todos los votos prometidos–. Para una explicación más detallada sobre los votos y compromisos del mantra secreto, véase Caminos y planos tántricos.

Colofón: Esta sadhana ha sido recopilada a partir de fuentes tradicionales por el venerable Gueshe Kelsang Gyatso Rimpoché.

Apéndice 5

Gema del corazón

YOGA DEL GURU YHE TSONGKHAPA
EN COMBINACIÓN CON LA SADHANA ABREVIADA
DE SU PROTECTOR DEL DHARMA

Oración liberadora

ALABANZA A BUDA SHAKYAMUNI

¡Oh Ser Bienaventurado, Shakyamuni Buda!,
precioso tesoro de compasión,
que concedes la paz interior suprema.

Tú, que amas a todos los seres sin excepción,
eres la fuente de toda felicidad y bondad,
y nos guías por el camino liberador.

Tu cuerpo es una gema que coma todos los deseos,
tu palabra, el néctar purificador supremo,
y tu mente, el refugio de todos los seres sintientes.

Con las manos juntas en señal de respeto, a ti me dirijo,
amigo supremo y fiel,
y te suplico desde lo más profundo de mi corazón:

Por favor, concédeme la luz de tu sabiduría
para disipar la oscuridad de mi mente
y sanar mi continuo mental.

Aliméntame con tu bondad
para que pueda ofrecer a los demás
un banquete de continuos deleites.

Gracias a tu compasiva intención,
tus bendiciones y obras virtuosas,
y mi sincero deseo de confiar en ti,

que todo el sufrimiento desaparezca de inmediato,
que disfrutemos de alegría y felicidad,
y el Dharma sagrado florezca sin cesar.

*Oración compuesta por el venerable Gueshe Kelsang Gyatso.
Se recita al principio de cada sadhana en los centros budistas
kadampas de diversos países del mundo.*

Introducción

Esta sadhana contiene dos prácticas reveladas por Manyhushri, el Buda de la Sabiduría. La primera es un yoga especial del Guru en el cual visualizamos a nuestro Guía Espiritual bajo el aspecto de Yhe Tsongkhapa, manifestación de Manyhushri. Mediante esta práctica podemos purificar nuestras faltas, acumular méritos y recibir bendiciones. De este modo alcanzaremos con facilidad todas las realizaciones de las etapas de los caminos del sutra y del tantra y, en particular, desarrollaremos una sabiduría de Dharma muy especial.

La segunda práctica es un método para confiar en el Protector del Dharma Doryhe Shugden. Con ella podemos superar los obstáculos que impiden nuestro desarrollo espiritual y crear las condiciones favorables para que crezcan en nuestro interior las realizaciones puras de Dharma. Al confiar en el Protector del Dharma Doryhe Shugden nuestra fe en Yhe Tsongkhapa crecerá con naturalidad y lograremos con facilidad la experiencia del Budadharma puro transmitido directamente a Yhe Tsongkhapa por Manyhushri, el Buda de la Sabiduría.

Estas dos prácticas constituyen la esencia de la Nueva Tradición Kadampa del budismo mahayana. La práctica sincera y diaria de esta sadhana producirá los frutos de las realizaciones puras del Dharma. Finalmente alcanzaremos el gozo supremo de la iluminación total.

Para una explicación detallada de esta sadhana, véase el libro *Gema del corazón.*

Gema del corazón

Refugio

Yo y todos los seres sintientes nos refugiamos en Buda,
el Dharma y la Sangha
hasta que alcancemos la iluminación. (x3)

Generación de bodhichita

Que por los méritos que acumule con la práctica de la
generosidad y otras perfecciones,
alcance el estado de Buda para poder beneficiar a todos
los seres sintientes. (x3)

Invocación a Yhe Tsongkhapa

Del corazón del Protector de los cientos de Deidades de
la Tierra Gozosa,
a la cima de una nube cual cúmulo de blanco requesón
fresco,
Omnisciente Losang Dragpa, Rey del Dharma,
tú y tus Hijos, acudid por favor, a este lugar.

Oración de las siete ramas

Ante mí en el espacio, sobre un trono sostenido por
leones, sobre un loto y una luna,
el venerable Maestro sonríe con deleite.
¡Oh Campo supremo de Méritos para mi mente de fe!,
por favor, permanece durante cientos de eones para
difundir la doctrina.

Tu mente de sabiduría realiza los objetos de conocimiento en toda su dimensión,
tu palabra elocuente es el ornamento del oído del afortunado,
tu hermoso cuerpo resplandece con la gloria de la celebridad.
Ante ti, que verte, oírte y recordarte es tan significativo, me postro.

Ofrendas exquisitas de agua, multitud de flores,
incienso de dulce fragancia, luces, agua perfumada y otros obsequios,
una vasta nube de ofrendas dispuestas e imaginadas, a ti te ofrezco, ¡oh Campo supremo de Méritos!

Todas las acciones viles de cuerpo, palabra y mente
que he acumulado desde tiempo sin principio,
y, en particular, las transgresiones de mis tres votos,
las confieso con mucho arrepentimiento desde lo más profundo de mi corazón.

En esta era de degeneración te esforzaste por aprender y realizarte.
Al abandonar las ocho preocupaciones mundanas extrajiste el significado de tus dones y libertades.
¡Oh Protector!, desde lo más profundo de mi corazón
me regocijo de tu gran oleada de obras.

De las onduladas nubes de sabiduría y compasión
en el espacio de vuestros Cuerpos de la Verdad,
¡oh venerables y sagrados Maestros!,
enviad, por favor, una lluvia de vasto y profundo Dharma apropiado para los discípulos de este mundo.

Que gracias a las virtudes que aquí he acumulado,
la doctrina y todos los seres sintientes reciban todo beneficio,
y, en especial, que la esencia de la doctrina
del venerable Losang Dragpa brille eternamente.

Ofrecimiento del mandala

Os ofrezco esta base con flores y ungida de incienso,
con el Monte Meru, los cuatro continentes, el sol y la luna,
percibida como una tierra pura de Buda.
Que todos los seres puedan disfrutar de una tierra pura.

Aceptad, por favor, los objetos de mi apego, odio e ignorancia,
mi amigo, enemigo y desconocido, así como mi cuerpo y posesiones,
que sin sentimiento de pérdida os ofrezco.
Y bendecidme para que me libere de los tres venenos mentales.

IDAM GURU RATNA MANDALAKAM NIRIATAYAMI

Oración de *Migtsema*

Tsongkhapa, corona de los eruditos de la Tierra de las Nieves,
eres Avalokiteshvara, tesoro de compasión inconcebible,
Manyhushri, suprema sabiduría inmaculada,
y Vajrapani, destructor de la multitud de maras;
¡oh Losang Dragpa!, te suplico, concede tus bendiciones.
(x7, x21, x100 etc.)

Oración de las etapas del camino

Bendecidme para que comprenda
que generar fe sincera en el bondadoso Maestro espiritual,
fuente de toda virtud, es la raíz del camino.
Y así le siga siempre con gran devoción.

Bendecidme para que comprenda
que este excelente renacimiento humano dotado de libertad

es muy valioso y difícil de conseguir.
Y así dedique el día y la noche a extraer su esencia.

Mi cuerpo es frágil como una burbuja en el agua,
rápidamente decae y se destruye.
Y así como la sombra siempre sigue al cuerpo,
el resultado de mis acciones proseguirá a la muerte.

Con este entendimiento firme en la memoria
bendecidme para que, con extrema cautela,
evite siempre la mínima acción indebida
y acumule virtud en abundancia.

Los placeres del samsara son ilusorios,
no producen satisfacción sino tormentos.
Por ello, bendecidme para que sólo me esfuerce
en lograr el gozo sublime de la liberación.

Bendecidme para que, con gran cuidado y atención,
inducido por este pensamiento puro,
mantenga el pratimoksha, la raíz de la doctrina,
como mi práctica esencial.

Al igual que yo, todos los maternales seres
están hundidos en el océano del samsara,
bendecidme para que me adiestre en la bodhichita
y pueda liberar pronto a todos los seres.

Pero si sólo cultivo esta mente
sin aplicarme en las tres moralidades,
no alcanzaré la iluminación.
Por ello, bendecidme para que guarde los votos del
Bodhisatva.

Pacificando mis distracciones
e investigando el significado real,
bendecidme para que logre la unión
de la permanencia apacible y la visión superior.

Bendecidme para que, a través del camino común,
me convierta en un recipiente puro
y entre en el camino de los seres afortunados,
el vajrayana, el camino supremo.

Las dos realizaciones dependen
de mis sagrados votos y promesas.
Bendecidme para que lo entienda con claridad,
y siempre los mantenga aunque mi vida peligre.

Realizando a diario las cuatro sesiones
tal como indican los Maestros sagrados,
bendecidme para que pronto alcance
las dos etapas del camino del tantra.

Que los Guías que me muestran el buen camino
y las amistades que me ayudan tengan larga vida,
y bendecidme para que pacifique por completo
todos los obstáculos, externos e internos.

Que siempre encuentre Maestros perfectos
y disfrute del Dharma sagrado,
y que realizando las etapas del camino
pronto alcance el estado de Vajradhara.

Bendiciones y purificación

De los corazones de todos los seres sagrados fluye un torrente de luz y néctar, que nos bendice y purifica.

Puedes realizar tu meditación ahora o en cualquier verso de la oración de las etapas del camino.

Súplicas para recibir bendiciones del Maestro

¡Oh Glorioso y precioso Maestro raíz!,
siéntate, por favor, sobre el asiento de loto y luna en mi corazón.
Cuida de mí con tu gran benevolencia

y concédeme las bendiciones de tu cuerpo, palabra y mente.

¡Oh Glorioso y precioso Maestro raíz!,
siéntate, por favor, sobre el asiento de loto y luna en mi corazón.
Cuida de mí con tu gran benevolencia
y confiéreme las realizaciones comunes y supremas.

¡Oh Glorioso y precioso Maestro raíz!,
siéntate, por favor, sobre el asiento de loto y luna en mi corazón.
Cuida de mí con tu gran benevolencia
y permanece firme hasta que alcance la esencia de la iluminación.

Dedicación

Que durante todas mis vidas, bajo el cuidado
del Vencedor Tsongkhapa como mi Maestro mahayana,
nunca me aleje, ni por un instante,
de este excelente camino alabado por los Vencedores.

Invocación a Doryhe Shugden y a su séquito

HUM
Poseo la claridad de mi Yidam.
Ante mí en el centro de un aireado fuego rojizo y negro, sobre un loto y un sol, aplastando demonios y obstructores, hay un terrible león, poderoso y alerta. Sobre él se sienta el gran rey Doryhe Shugden, Gema Suprema del Corazón de los Protectores del Dharma. Viste hábitos de monje y en la cabeza lleva puesto un sombrero amarillo y redondo. En sus manos sostiene una espada y el corazón de compasión. A sus seguidores les muestra una expresión de deleite, pero a fin de subyugar a los espíritus malignos y obstructores ostenta una forma colérica. Está rodeado de la congregación de un vasto séquito, con su asistente Khache Marpo y otros.

De mi corazón irradio rayos de luz
que invocan en un instante a los Seres de Sabiduría
de la esfera natural y de los diferentes palacios donde habitan,
y devienen inseparables de los Seres de Compromiso.

Ofrendas y súplicas

HUM
Con todo respeto me postro con cuerpo, palabra y mente.
Hago extensas ofrendas internas y externas, tormas deliciosas,
alcohol, té, pasteles, leche y cuajada,
materialmente dispuestas e imaginadas, llenando todo el espacio.

Ofrezco a toda la asamblea las sustancias de compromiso,
de cumplimiento, de confianza y apropiadas;
ofrendas externas, internas, secretas, atractivas y purificadoras llenando todo el espacio.
Pueda cumplir el compromiso del corazón y renovar los votos quebrantados.

Confieso desde lo más profundo de mi corazón
todos mis pensamientos y acciones perjudiciales que han ofendido tu mente, ¡oh gran Protector!
Por favor, purifícalos pronto
y cuida de mí con amor, como lo haría una madre con su hijo.

Te imploro desde lo más profundo de mi corazón, ¡oh Deidad suprema!,
por favor, haz que la tradición de Yhe Tsongkhapa florezca,
alarga la vida y las actividades de los gloriosos Maestros
e incrementa el estudio y la práctica en las comunidades de Dharma.

Permanece siempre conmigo como la sombra de mi cuerpo
y concédeme tu firme cuidado y protección.
Destruye todos los obstáculos y condiciones adversas,
otórgame las condiciones favorables y complace todos mis deseos.

Ahora es el momento de mostrar con claridad tu fuerza universal
con tus cuatro acciones que son rápidas, penetrantes e imperturbables,
complace con rapidez los deseos especiales de mi corazón
de acuerdo con mis aspiraciones.

Ahora es el momento de distinguir la verdad y la falsedad de las acciones y sus efectos;
ahora es el momento de disipar las falsas acusaciones contra el inocente;
ahora es el momento de proteger a los desdichados y desamparados;
ahora es el momento de proteger a los practicantes del Dharma como a tus hijos.

En suma, de ahora en adelante hasta que alcance la esencia de la iluminación,
te respetaré como la personificación de mi Maestro, Deidad y Protector.
Por ello, por favor, vela por mí durante los tres períodos del día y de la noche
y nunca vaciles en tus acciones como mi Protector.

Súplica para la consecución de los deseos

HUM
Cuando tus seguidores con compromisos
pidan cualquiera de las cuatro acciones,
con rapidez, precisión y sin demora muestra señales para que todos las vean;
así, por favor, realiza las acciones que ahora te pido.

El sol inmaculado de la tradición de Yhe Tsongkhapa
brilla por todo el cielo del samsara y del nirvana,
eliminando la oscuridad de los caminos inferiores y erróneos;
por favor, haz que su luz se difunda y traiga buena fortuna a todos los seres sintientes.

Que los gloriosos Maestros que sostienen esta tradición
disfruten de vidas indestructibles, estables como la bandera suprema de la victoria;
que nos envíen una lluvia de obras que conceda los deseos de los discípulos,
para que la doctrina de Yhe Tsongkhapa florezca.

Que por el incremento del estudio, práctica, pura disciplina y armonía
de las comunidades que sostienen la inmaculada doctrina de Buda
y que mantienen moralidad con una mente pura,
haz que la tradición gueden aumente como la luna creciente.

A través de tus obras satisface, por favor, los deseos esenciales
de los discípulos que sostienen la bandera de la victoria
de practicar sin distracciones las etapas de los caminos del sutra y del tantra,
la esencia de todas las enseñanzas que han escuchado.

Los seres de esta gran tierra están involucrados en diferentes actividades
de Dharma, no Dharma, felicidad, sufrimiento, causa y efecto;
con tus diestras obras de prevenir y fomentar,
conduce a todos los seres por el buen camino de la felicidad última.

En particular, destruye mis obstáculos y condiciones desfavorables,
y los de otros practicantes.
Incrementa nuestro espacio de vida, nuestros méritos y recursos,
y reúne todas las cosas animadas e inanimadas para disfrutarlas con libertad.

Por favor, permanece siempre conmigo, como la sombra de mi cuerpo,
cuida de mí siempre como a un amigo,
consigue con rapidez lo que desee
y cualquier cosa que te pida.

Realiza, por favor, sin demorarte ni un año, ni tan siquiera un mes,
las acciones apropiadas para eliminar los obstáculos
causados por los seres descaminados con mentes dañinas que intentan destruir la doctrina de Yhe Tsongkhapa,
y, en particular, por aquellos que intentan perjudicar a los practicantes.

Permanece siempre en este lugar, rodeado de los disfrutes más excelentes.
Como mi huésped, participa de continuas ofrendas y tormas;
y ya que se te ha confiado la protección de los bienes y disfrutes humanos,
nunca titubees en ser mi guardián durante el día y la noche.

Todas las realizaciones que deseo
surgen meramente al recordarte.
¡Oh Gema Complaciente!, Protector del Dharma,
por favor, cumple todos mis deseos. (x3)

Dedicación

Que gracias a estas virtudes
alcance pronto el estado iluminado del Maestro
y guíe a todos los seres sintientes
sin excepción, al mismo estado.

Que por las virtudes de haber practicado con una motivación pura,
los seres sintientes en todas sus vidas
nunca se aparten del Manyhushri apacible y colérico,
y permanezcan siempre bajo su cuidado.

Oraciones de la Tradición Virtuosa

Para que la tradición de Yhe Tsongkhapa,
el Rey del Dharma, pueda florecer,
que todos los obstáculos sean pacificados
y que abunden las condiciones favorables.

Que gracias a las dos acumulaciones, mías y de otros,
reunidas durante los tres tiempos,
pueda la doctrina del Vencedor Losang Dragpa
brillar para siempre.

Oración de nueve versos de *migtsema*

Tsongkhapa, corona de los eruditos de la Tierra de las Nieves,
eres Buda Shakyamuni y Vajradhara, fuente de todas las realizaciones,
Avalokiteshvara, tesoro de compasión inconcebible,
Manyhushri, suprema sabiduría inmaculada,
y Vajrapani, destructor de la multitud de maras.

¡Oh venerable Guru Buda!, síntesis de las Tres Joyas,
con respeto, con mi cuerpo, palabra y mente, te suplico;
bendícenos a mí y a los demás seres para que nos liberemos y realicemos,
y concédenos las realizaciones comunes y supremas. (x3)

Colofón: Esta sadhana ha sido recopilada a partir de fuentes tradicionales por el venerable Gueshe Kelsang Gyatso Rimpoché y ha sido traducida bajo su compasiva guía.

Glosario de términos

Absorción de la cesación Sabiduría no contaminada que se concentra de manera convergente en la vacuidad con la absorción en sí de la cumbre del samsara. Véase *Océano de néctar.*

Agregado Por lo general, todo objeto funcional es un agregado porque está compuesto de varias partes. En particular, los seres de los reinos del deseo y de la forma poseen los cinco agregados siguientes: forma, sensación, discernimiento, factores productores y consciencia. Los seres del reino inmaterial carecen del agregado de la forma, pero poseen los otros cuatro. El agregado de la forma de una persona es su cuerpo, mientras que los cuatro restantes son aspectos de su mente. Véase *Corazón de la sabiduría.*

Agregados contaminados Cualquiera de los agregados de un ser que ha renacido en el samsara: forma, sensación, factores productores y consciencia. Véase también *AGREGADO.* Véase *Corazón de la sabiduría.*

Akanishta La tierra pura donde los Bodhisatvas alcanzan la iluminación. Véase *La luz clara del gozo.*

Apariencia dual La percepción de un objeto junto con su existencia inherente. Véase *Corazón de la sabiduría.*

Apego Factor mental perturbador que observa un objeto contaminado, lo considera como una causa de felicidad y lo desea. Véase *Comprensión de la mente.*

Arrepentimiento Factor mental que siente pesar por acciones que hemos efectuado en el pasado. Véase *Comprensión de la mente.*

Atención Factor mental cuya función es enfocar la mente en una característica particular de un objeto. Véase *Comprensión de la mente.*

Atisha (982-1054) Famoso erudito budista indio y gran meditador. Fue abad del gran monasterio de Vikramashila en los tiempos en que el budismo mahayana florecía en la India. Posteriormente viajó al Tíbet, donde restableció el budismo. Autor del primer texto sobre las etapas del camino, *La lámpara del camino*. Su tradición fue conocida más tarde como la *tradición kadampa*. Véase *El camino gozoso de buena fortuna*.

Avalokiteshvara Personificación de la compasión de todos los Budas. Unas veces aparece con una cara y cuatro brazos y otras con once rostros y mil brazos. En tiempos de Buda Shakyamuni se manifestó bajo el aspecto de uno de sus discípulos Bodhisatvas. Su nombre en tibetano es *Chenrezsig*. Véase *Una vida con significado, una muerte gozosa*.

Bases de designación Todos los fenómenos son designados en relación con sus partes; por lo tanto, cada una de las partes de un fenómeno o el conjunto de todas ellas constituye sus bases de designación. En virtud de que las bases de designación de un objeto aparecen ante la mente, esta lo designa. Véanse *Corazón de la sabiduría* y *Océano de néctar*.

Bendición *Jin gyi lab pa* en tibetano. Proceso de transformación de la mente de un estado impuro a uno virtuoso, de uno de infelicidad a uno de felicidad, o de uno de debilidad a uno de fortaleza, que se produce como resultado de recibir la inspiración de seres sagrados, como nuestro Guía Espiritual, los Budas o los Bodhisatvas.

Bhaga Órgano sexual femenino en sánscrito.

Bodhichita Término sánscrito que significa 'mente de la iluminación'. *Bodhi* quiere decir 'iluminación', y *chita*, 'mente'. Puede ser de dos clases: convencional y última. Por lo general, cuando se habla de *bodhichita*, se hace referencia a la acepción convencional, la mente primaria motivada por la gran compasión que desea de manera espontánea alcanzar la iluminación por el beneficio de todos los seres sintientes, y puede ser aspirante o comprometida. La bodhichita última es la sabiduría que realiza la vacuidad, la naturaleza última de los fenómenos, de manera directa, y está motivada por la bodhichita convencional. Véanse *El camino gozoso de buena fortuna* y *Tesoro de contemplación*.

Bodhisatva Aquel que ha generado la mente de bodhichita de manera espontánea, pero aún no es un Buda. Cuando el practicante genera la bodhichita espontánea, se convierte en un Bodhisatva y entra en el primer camino mahayana, el de la acumulación. El Bodhisatva ordinario es aquel que aún no ha alcanzado una realización directa de la vacuidad, y el Bodhisatva Superior, el que ya la ha logrado. Véanse *El camino gozoso de buena fortuna* y *Tesoro de contemplación*.

Buda Shakyamuni El Buda fundador de la religión budista. Véase *Introducción al budismo.*

Campo de méritos Por lo general se refiere a 'Las Tres Joyas'. Al igual que las semillas de las plantas crecen en el campo, las semillas internas de la virtud producidas por acciones virtuosas dependen de las Joyas de Buda, el Dharma y la Sangha.

Celos Factor mental perturbador que siente disgusto al observar los disfrutes, las buenas cualidades y la buena fortuna de los demás. Véase *Comprensión de la mente.*

Chandrakirti (circa sincerely. VII) Gran erudito budista indio y maestro de meditación que entre muchos otros libros compuso el famoso texto *Guía del camino medio*, en el que se presenta con claridad la visión del sistema madhyamika-prasanguika según las enseñanzas que Buda impartió en los *Sutras de la perfección de la sabiduría*. Véase *Océano de néctar.*

Chekhaua, Gueshe (1102-1176) Gran Bodhisatva kadampa que compuso el texto *Adiestramiento de la mente en siete puntos*, comentario a las *Ocho estrofas del adiestramiento de la mente*, de Gueshe Langri Tangpa. Difundió el estudio y la práctica del adiestramiento de la mente por todo el Tíbet. Véase *Compasión universal.*

Compromisos Promesas y votos que se toman para realizar ciertas prácticas espirituales.

Concentración Factor mental gracias al cual la mente primaria permanece fija en el objeto de manera convergente. Véanse *Comprensión de la mente y El camino gozoso de buena fortuna.*

Conocedor inferencial Conocedor completamente fidedigno que realiza su objeto directamente a partir de una razón concluyente. Véase *Comprensión de la mente.*

Conocedor válido Conocedor que no es engañoso con respecto a su objeto conectado. Puede ser de dos clases: conocedor válido inferencial y conocedor válido directo. Véase *Comprensión de la mente.*

Contacto Factor mental cuya función es percibir que un objeto es agradable, desagradable o neutro. Véase *Comprensión de la mente.*

Continuo mental El de la mente, que no tiene principio ni fin.

Cuatro purezas completas La práctica tántrica es la que está dotada de cuatro purezas completas: 1) la del lugar –el entorno visto como el mandala de la Deidad–, 2) la del cuerpo –se elimina la apariencia ordinaria del cuerpo y el practicante imagina que posee el cuerpo de una Deidad–, 3) la de los disfrutes –los deleites de los sentidos se transforman en ofrendas a la Deidad– y 4) la de las obras –el practicante considera que sus acciones son las de la Deidad–. Véanse *Gran tesoro de méritos* y *Caminos y planos tántricos.*

Deidad *Yidam* en sánscrito. Un ser tántrico iluminado.

Dharmakirti (circa siglos VI-VII) Gran yogui e ilustre erudito budista indio, autor del *Comentario a la «Cognición válida»*, comentario al *Compendio de la cognición válida*, de Dignaga, su Guía Espiritual. Véase *Comprensión de la mente.*

Dios *Deva* en sánscrito. Ser del reino de los dioses, el más elevado de los seis reinos del samsara. Existen numerosas clases de dioses: algunos pertenecen al reino del deseo, otros al reino de la forma y otros al reino inmaterial. Véase *El camino gozoso de buena fortuna.*

Discernimiento Factor mental cuya función es aprehender las características específicas de un objeto. Véase *Comprensión de la mente.*

Disciplina moral Resolución virtuosa de abandonar cualquier falta o la acción física o verbal motivada por esta resolución. Véanse *El camino gozoso de buena fortuna y Tesoro de contemplación.*

Doce vínculos de relación dependiente La ignorancia dependiente relacionada, la acción productora dependiente relacionada, la consciencia dependiente relacionada, el nombre y la forma dependientes relacionados, los seis generadores dependientes relacionados, el contacto dependiente relacionado, la sensación dependiente relacionada, el ansia dependiente relacionada, el aferramiento dependiente relacionado, la existencia dependiente relacionada, el nacimiento dependiente relacionado, y el envejecimiento y la muerte dependientes relacionados. Véanse *Corazón de la sabiduría* y *El camino gozoso de buena fortuna.*

Doryhe Shugden Protector del Dharma, emanación de Manyhushri, el Buda de la Sabiduría. Sus funciones principales son eliminar los obstáculos externos e internos que impedirían a los practicantes lograr realizaciones espirituales y propiciar todas las condiciones conducentes a su progreso espiritual.Véanse *Gema del corazón* y *Gran tesoro de méritos.*

Elementos Tierra, agua, fuego, aire y espacio. La materia está compuesta por una combinación de estos elementos. Hay cinco elementos internos que forman parte del continuo de la persona y cinco externos que no forman parte del mismo. Estos elementos no son la tierra de un campo, el agua de un río, etcétera, sino más bien las cualidades de solidez, fluidez, calor, movimiento y espacio, respectivamente.

Emanación Objeto animado o inanimado manifestado por Budas o Bodhisatvas con elevadas realizaciones para beneficiar a los demás.

Engaño Véase *PERTURBACIÓN MENTAL.*

Escritura de emanación kadam Conocida también como *Escritura de emanación Ganden*. Es un texto especial, cuya naturaleza es la de la sabiduría de Manyhushri, que fue revelado directamente por este a Yhe Tsongkhapa. Contiene instrucciones sobre el Mahamudra vajrayana, la *Ofrenda al Guía Espiritual* (tib.: *Lama Chopa), Cien Deidades de la Tierra Gozosa* (tib.: *Ganden Lhagyema),* la oración de *Migtsema* y seis sadhanas de Manyhushri. Esta escritura no está compuesta con letras ordinarias y solo los seres altamente realizados pueden consultarla de manera directa. Al principio, las instrucciones de estas escrituras fueron transmitidas solo oralmente, de maestro a discípulo, y por ello este linaje se llegó a conocer como *el extraordinario linaje susurrado de la tradición virtuosa* o *el linaje susurrado de Ensa*. Se conoce también como *el extraordinario linaje cercano* porque fue revelado directamente por Manyhushri a Yhe Tsongkhapa. Después, eruditos como el primer Panchen Lama (1569-1662) pusieron por escrito, con letras ordinarias, las instrucciones de esta escritura. Véanse *Gran tesoro de méritos* y *Gema del corazón.*

Escuelas de filosofía budista Los cuatros sistemas filosóficos que enseñó Buda según las tendencias y capacidades de sus discípulos. Estos son: el sistema vaibashika, el sautrántika, el chitamatra y el madhyamika. Suelen estudiarse en orden pues las escuelas inferiores nos ayudan a comprender las superiores. Las dos primeras escuelas son hinayanas, y las dos últimas, mahayanas. Véanse *Océano de néctar* y *Tesoro de contemplación.*

Espíritus hambrientos / ávidos Seres que habitan en el reino de los espíritus hambrientos, el segundo más bajo del samsara. Véase *El camino gozoso de buena fortuna.*

Estado intermedio *Bardo* en tibetano. Estado entre la muerte y el renacimiento. Comienza en el momento en que la consciencia abandona el cuerpo y cesa cuando esta entra en el cuerpo de la nueva vida. Véanse *El camino gozoso de buena fortuna* y *La luz clara del gozo.*

Estimación propia La actitud mental de considerarse uno mismo supremamente importante y especial. Es el objeto que los Bodhisatvas se esfuerzan principalmente por eliminar. Véanse *Ocho pasos hacia la felicidad* y *Tesoro de contemplación.*

Factor mental Conocedor que aprehende principalmente una característica específica de un objeto. Existen cincuenta y un diferentes factores mentales. Cada momento consta de una mente primaria y varios factores mentales. Véase también *MENTE PRIMARIA.* Véase *Comprensión de la mente.*

Familias de Budas Hay cinco familias principales de Budas: la de Vairochana, la de Ratnasambhava, la de Amitabha, la de Amoghasidhi y la de Akshobya. Constituyen los cinco agregados purificados –el de la forma, el de la sensación, el del discernimiento, el de los factores productores y el de la consciencia, respectivamente–, y las cinco sabidurías excelsas –la sabiduría excelsa semejante a un espejo, la equitativa, la de las realizaciones individuales, la que completa las actividades y la del *Dharmadhatu,* respectivamente–. Véase *Gran tesoro de méritos.*

Fe Factor mental cuya función principal es eliminar la carencia de fe. Es una mente virtuosa por naturaleza y su función es eliminar la percepción de faltas en el objeto observado. Existen tres clases de fe: fe creyente, fe admirativa y fe desiderativa. Véanse *Comprensión de la mente, El camino gozoso de buena fortuna* y *Transforma tu vida.*

Fenómeno impermanente Los fenómenos pueden ser permanentes o impermanentes. *Impermanente* significa 'transitorio', por lo que un fenómeno impermanente es aquel que es producido y se desintegra momento a momento. *Fenómeno impermanente, objeto funcional* y *producto* son términos sinónimos. Hay dos clases de impermanencia: burda y sutil. La primera es la que se percibe a través de la percepción sensorial ordinaria –por ejemplo, el envejecimiento y la muerte de un ser sintiente–, y la segunda, la desintegración momento a momento de todo objeto funcional.

Fenómeno permanente Los fenómenos pueden ser permanentes o impermanentes. Un fenómeno permanente es aquel que carece de las características de ser producido, permanecer y desintegrarse

Fuego interno *Tummo* en tibetano. Es el fuego interno que se localiza en el centro del chakra del ombligo. Véase *La luz clara del gozo.*

Ghantapa Gran *mahasidha* indio y uno de los Gurus del linaje de la práctica del tantra del yoga supremo de Vajrayoguini. Véase *Guía del Paraíso de las Dakinis.*

Gueshe Título concedido por los monasterios kadampas a los eruditos budistas con ciertas cualificaciones. Contracción en tibetano de las palabras *ge güei she nyen*, que literalmente significan 'amigo virtuoso'.

Guía Espiritual *Guru* en sánscrito, *Lama* en tibetano. Maestro que nos guía por el camino espiritual. Véanse *El camino gozoso de buena fortuna* y *Gran tesoro de méritos.*

Gurus del linaje Guías Espirituales a través de los cuales se ha transmitido una determinada instrucción.

Gyalgua Ensapa (1505-1566) Gran Yogui y Guru del linaje Mahamudra que alcanzó la iluminación en tres años. Véase *Gran tesoro de méritos.*

Hevajra Una de las Deidades principales del tantra de la madre. Véase *Gran tesoro de méritos.*

Ignorancia Factor mental que confunde la naturaleza última de los fenómenos. Véase *Comprensión de la mente.*

Imagen genérica El objeto aparente de una mente conceptual. La imagen genérica o mental es como el reflejo de un objeto. Las mentes conceptuales conocen su objeto por medio de la apariencia de la imagen genérica de este último, no porque lo perciba directamente. Véanse *Comprensión de la mente* y *Corazón de la sabiduría.*

Impresión Hay dos clases de impresiones: las de las acciones y las de las perturbaciones mentales. Todas las acciones y perturbaciones mentales dejan grabadas sus huellas o impresiones en la mente. Estas impresiones son potenciales kármicos para experimentar ciertos efectos en el futuro. Las impresiones de las perturbaciones mentales permanecen incluso después de haberse abandonado estas últimas, como el olor a ajo que queda en un recipiente donde se había guardado ajo, son las obstrucciones a la omnisciencia y solo los Budas las han eliminado.

Intención Factor mental cuya función es desplazar su mente primaria hacia un objeto. Dirige la mente hacia objetos virtuosos, perjudiciales o neutros. Todas las acciones físicas, verbales y mentales son iniciadas por el factor mental intención. Véase *Comprensión de la mente.*

Kadampa Palabra tibetana en la que *Ka* significa 'palabra' y se refiere a todas las enseñanzas de Buda, *dam* se refiere a la presentación especial del Lamrim que enseñó Atisha, conocida como *Etapas del* *camino hacia la iluminación*, y *pa* se refiere al practicante de budismo kadampa que integra en su práctica del Lamrim todas las enseñanzas de Buda que ha aprendido. Véase también *TRADICIÓN KADAMPA*.

Karma Palabra sánscrita que significa 'acción'. Impulsados por la intención efectuamos acciones físicas, verbales y mentales, y todas ellas producen ciertos efectos. Las acciones virtuosas producen como resultado felicidad, y las perjudiciales, sufrimiento. Véase *El camino gozoso de buena fortuna*.

Linaje Herencia de instrucciones transmitida de Guía Espiritual a discípulo, en la que cada Guru ha logrado una experiencia personal de dichas enseñanzas antes de transmitirlas a otros.

Logro *Siddhi* en sánscrito. Los logros pueden ser de dos clases: comunes y supremos. Los comunes son de cuatro clases principales: pacíficos (la capacidad de purificar faltas, superar obstáculos y curar enfermedades); de prosperidad (la capacidad de aumentar las realizaciones de Dharma, los méritos, la duración de la vida y las riquezas); de control (la capacidad de controlar nuestra propia mente y las acciones que cometemos, así como la mente y las acciones de los demás); y coléricos (la capacidad de realizar acciones coléricas cuando sea apropiado para beneficiar a los demás). Los logros supremos son las realizaciones especiales de un Buda. Véase *Caminos y planos tántricos*.

Losang Dragpa Nombre de ordenación monástica de Yhe Tsongkhapa. En sánscrito *Sumatikirti*. Véase *Gran tesoro de méritos*.

Madhyamika Palabra sánscrita que significa 'camino medio'. La más elevada de las dos escuelas principales de la filosofía mahayana. Buda enseñó la visión madhyamika en los *Sutras de la perfección de la sabiduría* durante el segundo giro de la rueda del Dharma y, más tarde, Nagaryhuna y sus seguidores la esclarecieron. Hay dos escuelas madhyamikas: la escuela madhyamika-svatántrika y la madhyamika-prasanguika. Esta última presenta la visión última de Buda. Véanse *Océano de néctar* y *Tesoro de contemplación*.

Maestro Vajra Guía Espiritual tántrico totalmente cualificado. Véase *Gran tesoro de méritos*.

Mahasidha Término sánscrito que significa 'Gran Ser Realizado'. Se suele utilizar para referirse a los yoguis y yoguinis que poseen elevadas realizaciones.

Mahayana Término sánscrito que significa 'gran vehículo', el camino espiritual que conduce a la gran iluminación. El objetivo del camino mahayana es alcanzar la iluminación por el beneficio de todos los seres sintientes abandonando por completo las perturbaciones mentales y sus impresiones. Véanse *El camino gozoso de buena fortuna* y *Tesoro de contemplación*.

Maitreya Personificación del amor afectivo de todos los Budas. En tiempos de Buda Shakyamuni se manifestó como uno de sus discípulos Bodhisatvas para mostrar a los demás cómo ser un discípulo mahayana perfecto. En el futuro se manifestará como el quinto Buda fundador.

Mala Rosario utilizado para contar recitaciones de oraciones o mantras que tradicionalmente está compuesto de ciento ocho cuentas.

Mandala Por lo general, la mansión celestial en la que mora una Deidad tántrica o el entorno o Deidades de una tierra pura de Buda.

Mandala corporal Transformación de cualquier parte del cuerpo de la autogeneración en una Deidad. Véanse *Esencia del Vajrayana, Guía del Paraíso de las Dakinis* y *Gran tesoro de méritos*.

Mantra Palabra sánscrita que significa 'protección de la mente'. El mantra protege la mente de apariencias y concepciones ordinarias. Hay cuatro clases de mantras: los que son mente, los que son aires internos sutiles, los que son sonidos y los que son formas. Por lo general, hay tres clases de recitación de mantras: recitación verbal, recitación mental y recitación vajra. Véase *Caminos y planos tántricos*.

Manyhushri Personificación de la sabiduría de todos los Budas. En tiempos de Buda Shakyamuni se manifestó como uno de sus discípulos Bodhisatvas para mostrar el ejemplo de un discípulo mahayana perfecto. Véanse *Gema del corazón* y *Gran tesoro de méritos*.

Mara Palabra sánscrita que significa 'demonio' y que se refiere a todo aquello que obstaculiza el logro de la liberación o la iluminación. Hay cuatro clases de maras: el mara de las perturbaciones mentales, el de los agregados contaminados, el de la muerte sin control y los maras Devaputra. De ellos, solo los últimos son seres sintientes. Véase *Corazón de la sabiduría*.

Meditación Mente que se concentra en un objeto virtuoso y que actúa como causa principal de paz interior. Hay dos clases de meditación: analítica y de emplazamiento. Cuando utilizamos nuestra imaginación, memoria y capacidad de razonamiento para encontrar el objeto en que queremos concentrarnos, estamos realizando una meditación analítica. Cuando encontramos el objeto y lo mantenemos en concentración de manera convergente, estamos realizando una meditación de emplazamiento. Existen innumerables objetos de meditación. Algunos, como la impermanencia o la vacuidad, son objetos que la aprehende mente. Otros, como el amor, la compasión y la renuncia, son actitudes o estados mentales. Primero realizamos una meditación analítica hasta que el objeto en particular que hayamos elegido aparece en nuestra mente o hayamos generado la actitud mental deseada. Este objeto o actitud mental es nuestro objeto de meditación de emplazamiento. Véase *Nuevo manual de meditación.*

Mente primaria Término sinónimo de *consciencia.* Conocedor que aprehende principalmente la mera entidad de un objeto. Hay seis clases de mentes primarias: visual, auditiva, olfativa, gustativa, corporal y mental. Cada momento de la mente está compuesto por una mente primaria y varios factores mentales. Estos dos forman una misma entidad, pero tienen diferentes funciones. Véase *Comprensión de la mente.*

Mera apariencia Todos los fenómenos son meras apariencias porque son designados por la mente al percibir unas bases apropiadas para su designación. La palabra *meras* excluye toda posibilidad de existencia inherente. Véase *Comprensión de la mente.*

Méritos Buena fortuna que se acumula al realizar acciones virtuosas. Es el poder potencial de aumentar nuestras buenas cualidades y ser felices.

Migtsema Oración especial de alabanza y súplicas a Yhe tsongkhapa en la *Escritura de emanación kadam* compuesta por Manyhushri. Existen varias versiones de esta oración, como la de nueve versos y la de cinco. Esta oración contiene grandes bendiciones y los que la recitan con fe lograrán grandes resultados. Véase *Corazón de la sabiduría.*

Milarepa (1040-1123) Gran meditador tibetano, discípulo de Marpa y conocido por sus hermosas canciones de realización.

Mudra de acción Consorte del tantra del yoga supremo que ayuda al meditador a generar el gran gozo. Véanse *La luz clara del gozo* y *Caminos y planos tántricos*

Nada Línea de tres curvas que aparece encima de algunas sílabas semilla.

Nagaryhuna Gran erudito budista indio y maestro de meditación que restableció las instrucciones mahayanas en el siglo I clarificando las enseñanzas de los *Sutras de la perfección de la sabiduría*. Buda Shakyamuni predijo la vida y extraordinarias obras de Nagaryhuna. Véase *Océano de néctar*.

Naropa (1016 - 1100) Mahasidha budista indio. Véase *Guía del Paraíso de las Dakinis*.

Objeto de negación El que es negado de manera explícita por la mente que realiza un fenómeno negativo. En el caso de la meditación sobre la vacuidad o falta de existencia inherente, el objeto de negación es la existencia inherente.

Objeto funcional Fenómeno que puede realizar una función. Los objetos funcionales son producidos y se desintegran en un momento. Es sinónimo de *fenómeno impermanente* y de *producto*.

Obstrucciones a la liberación Obstáculos que impiden el logro de la liberación. Todas las perturbaciones mentales, como la ignorancia, el apego, el odio, y sus semillas, constituyen las obstrucciones a la liberación. También se denominan *obstrucciones de las perturbaciones mentales*.

Obstrucciones a la omnisciencia Las impresiones de las perturbaciones mentales, que impiden el conocimiento simultáneo y directo de todos los fenómenos, por lo que solo los Budas las han eliminado.

Ochenta concepciones indicativas Aunque tenemos innumerables mentes conceptuales, se puede incluir todas dentro de las ochenta concepciones indicativas. Se denominan de tal forma porque son razones concluyentes que indican la existencia de las mentes sutiles de las que surgen. Véase *La luz clara del gozo*.

Odio Factor mental perturbador que observa un objeto contaminado, exagera sus malas características, lo considera indeseable y desea perjudicarlo. Véanse *Comprensión de la mente* y *Cómo solucionar nuestros problemas humanos*.

Ofrecimiento de la torma Un manjar especial que se prepara según los rituales del sutra o del tantra que se utiliza como ofrenda. Véase *Esencia del Vajrayana*.

Ofrecimiento del tsog Ofrenda tántrica especial que realizan los Héroes y Heroínas. Véase *Esencia del Vajrayana*..

Percepción errónea Conocedor que está equivocado respecto a su objeto conectado. Véase *Comprensión de la mente.*

Percepción mental Todas las mentes se incluyen dentro de las cinco percepciones sensoriales y la percepción mental. Hay dos clases de percepción mental: conceptual y no conceptual. *Percepción mental conceptual* y *mente conceptual* con términos sinónimos. Véase *Comprensión de la mente.*

Percepción sensorial Todas las mentes se incluyen dentro de las cinco percepciones sensoriales y la percepción mental. Hay cinco clases de percepción sensorial: visual, auditiva, olfativa, gustativa y corporal. Véase *Comprensión de la mente.*

Perceptor directo *Ngon sum* en tibetano. Conocedor que aprehende un objeto manifiesto. Véase *Comprensión de la mente.*

Persona El yo designado sobre cualquiera de los cuatro o cinco agregados de un ser. *Persona, ser* y *yo* son sinónimos. Véase *Comprensión de la mente.*

Perturbación mental / Engaño Factor mental que surge de la atención inapropiada y cuya función es turbar la mente y descontrolarla. Las perturbaciones mentales principales son tres: el apego, el odio y la ignorancia. De estas surgen todos los demás engaños, como los celos, el orgullo y la duda perturbadora. Véanse también *PERTURBACIONES MENTALES ADQUIRIDAS INTELECTUALMENTE* y *PERTURBACIONES MENTALES INNATAS*. Véase *Comprensión de la mente.*

Perturbaciones mentales adquiridas intelectualmente Engaños que surgen como resultado de utilizar razonamientos o principios incorrectos. Véase *Comprensión de la mente.*

Perturbaciones mentales innatas Perturbación mental que no es el producto de conjeturas intelectuales, sino que surge de manera espontánea. Véase *Comprensión de la mente.*

Pratimoksha Término sánscrito que significa 'liberación individual'. Véase *El voto del Bodhisatva.*

Protector del Dharma Manifestación de un Buda o Bodhisatva cuya función principal es eliminar los obstáculos de los practicantes puros de Dharma y reunir las condiciones necesarias para su adiestramiento espiritual. En sánscrito se denomina *Dharmapala*. Véase *Gema del corazón.*

Purificación Por lo general, toda práctica que ayude a lograr un cuerpo, una palabra y una mente puros. En particular, las prácticas que sirven para purificar el karma perjudicial por medio de los cuatro poderes oponentes. Véanse *Compasión universal, El camino gozoso de buena fortuna, El voto del Bodhisatva* y *Guía del Paraíso de las Dakinis.*

Realización Experiencia estable e inequívoca de un objeto virtuoso que nos protege de manera directa del sufrimiento.

Reino de los infiernos El inferior de los tres reinos desafortunados. Véase *El camino gozoso de buena fortuna.*

Reino del deseo El que habitan los seres de los infiernos, espíritus ávidos, animales, humanos, semidioses y dioses que disfrutan de los cinco objetos de deseo.

Retentiva mental o memoria Factor mental cuya función es no olvidar el objeto realizado por la mente primaria. Véanse *Comprensión de la mente* y *La luz clara del gozo.*

Sabiduría Mente virtuosa e inteligente gracias a la cual la mente primaria realiza su objeto de manera perfecta. La sabiduría es un camino espiritual que libera nuestra mente de las perturbaciones mentales y de sus impresiones. Un ejemplo de sabiduría es la visión correcta de la vacuidad. Véanse *Comprensión de la mente* y *Gema del corazón.*

Sangha Según la tradición del *vinaya,* una comunidad de al menos cuatro monjes o monjas con la ordenación completa. En general, los practicantes que han recibido una ordenación monástica o los seglares que han recibido los votos del Bodhisatva o los tántricos.

Seis reinos En el samsara existen seis reinos que, enumerados en orden ascendente según el karma que nos hace renacer en ellos, son: el reino de los infiernos, el de los espíritus ávidos, el de los animales, el de los humanos, el de los semidioses y el de los dioses. Los tres primeros son reinos inferiores o renacimientos desafortunados, y los otros tres, reinos superiores o renacimientos afortunados. Véase *El camino gozoso de buena fortuna.*

Sensación Factor mental cuya función es experimentar objetos agradables, desagradables o neutros. Véase *Comprensión de la mente.*

Señor de la muerte Aunque el mara de la muerte sin control no es un ser sintiente, se suele personificar como el Señor de la Muerte o *Yama* en sánscrito. El Señor de la Muerte aparece en el diagrama de la rueda de la vida agarrando la rueda entres sus garras y dientes.

Véase *El camino gozoso de buena fortuna.*

Ser migratorio Ser del samsara que migra sin control de un renacimiento a otro.

Ser sagrado Aquel digno de devoción.

Ser Superior *Arya* en sánscrito. Aquel que posee una realización directa de la vacuidad. Hay Seres Superiores hinayanas y mahayanas.

Shantideva (687-763) Gran erudito budista indio y maestro de meditación, autor de *Guía de las obras del Bodhisatva.* Véase *Tesoro de contemplación.*

Sutra Las enseñanzas de Buda que pueden practicarse sin necesidad de haber recibido una iniciación. Incluyen las instrucciones que Buda enseñó durante los tres giros de la rueda del Dharma.

Sutras de la perfección de la sabiduría Sutras que Buda enseñó durante el segundo giro de la rueda del Dharma en los que se revela su visión final acerca de la naturaleza última de todos los fenómenos –la vacuidad de existencia inherente–. Véanse *Corazón de la sabiduría* y *Océano de néctar.*

Tiempo sin principio Según la visión budista del mundo, la mente no tiene principio y, por lo tanto, el tiempo tampoco lo tiene. De ello se puede deducir que todos los seres sintientes han renacido innumerables veces.

Tierra de las Dakinis La tierra pura de Heruka y Vajrayoguini. En sánscrito se denomina *Keajra,* y en tibetano, *Dagpa Khacho.* Véase *Guía del Paraíso de las Dakinis.*

Tierra pura Reino puro donde no existe la verdad del sufrimiento. Existen numerosas tierras puras. Por ejemplo, Tushita es la tierra pura de Buda Maitreya, Sukhavati, la de Buda Amitabha, y la Tierra de las Dakinis o *Keajra* en sánscrito, la de Buda Heruka y Buda Vajrayoguini. Véase *Una vida con significado, una muerte gozosa.*

Tradición kadampa Tradición pura de budismo fundada por Atisha. Antes de la aparición de Yhe Tsongkhapa se la conocía como *antigua tradición kadampa,* y después, como *nueva tradición kadampa.* Véase también *KADAMPA.*

Tres adiestramientos superiores El adiestramiento en la disciplina moral, la concentración y la sabiduría motivado por la renuncia o la bodhichita.

Vajradhara Fundador del camino del tantra o vajrayana. Solo pueden percibirlo directamente los Bodhisatvas con elevadas realizaciones a quienes imparte enseñanzas tántricas. Para beneficiar a los seres con menos méritos, se manifestó bajo el aspecto más visible de Buda Shakyamuni y dijo que en tiempos de degeneración aparecería bajo un aspecto ordinario, como un Guía Espiritual. Véase *Gran tesoro de méritos.*

Vajrapani Personificación del poder de todos los Budas. Aparece con un aspecto colérico para mostrar su capacidad de eliminar los obstáculos externos, internos y secretos. En tiempos de Buda Shakyamuni se manifestó bajo el aspecto de uno de sus discípulos Bodhisatvas.

Vajrasatva Agregado de la consciencia de todos los Budas, que se manifiesta en el aspecto de una Deidad de color blanco para purificar las faltas de los seres sintientes. Su naturaleza es la misma que la de Buda Vajradhara y solo se diferencian en su aspecto. La práctica de la meditación y recitación de Vajrasatva es un método muy poderoso para purificar nuestra mente y acciones impuras. Véase *Guía del paraíso de las Dakinis.*

Vigilancia mental Factor mental que es una clase de sabiduría que examina las actividades de nuestro cuerpo, palabra y mente, y detecta si se generan faltas o no. Véase *Comprensión de la mente.*

Visión superior Sabiduría especial que percibe su objeto con claridad y es mantenida por la permanencia apacible y la flexibilidad especial inducida por la investigación. Véase *El camino gozoso de buena fortuna.*

Votos Promesas virtuosas de abstenerse de cometer determinadas acciones perjudiciales que se hacen por medio de un ritual tradicional. Hay tres clases de votos: los del pratimoksha o de liberación individual, los del Bodhisatva y los del mantra secreto. Véanse *Caminos y planos tántricos* y *El voto del Bodhisatva.*

Yhe Tsongkhapa (1357-1419) Emanación de Manyhushri, el Buda de la Sabiduría. Tal y como fue predicho por Buda Shakyamuni, se manifestó como un monje y sostenedor de la visión y obras puras en el Tíbet en el siglo XIV. Difundió el Budadharma puro por todo el Tíbet, mostrando cómo combinar las prácticas del sutra y el tantra, y cómo practicar puramente el Dharma en tiempos de degeneración. Posteriormente, su tradición se conoció como la *tradición ganden* o *guelug*. Véanse *Gema del corazón* y *Gran tesoro de méritos.*

Yoga Término utilizado para referirse a ciertas prácticas espirituales en las que se mantiene una visión especial, como el yoga del Guru y los yogas del dormir, despertar y experimentar néctar. *Yoga* también significa 'unión', como la unión de la permanencia apacible y la visión superior. Véase *Guía del Paraíso de las Dakinis*.

Yogui o yoguini Palabra sánscrita en masculino y femenino, respectivamente, que se utiliza, por lo general, para referirse al meditador que ha alcanzado la unión de la permanencia apacible y la visión superior.

Lecturas recomendadas

GUESHE KELSANG GYATSO

Gueshe Kelsang Gyatso es un gran maestro de meditación e ilustre erudito de la tradición de budismo mahayana fundada por Yhe Tsongkhapa. Desde que llegó al Occidente en 1977, Gueshe Kelsang ha trabajado de manera infatigable para establecer el Budadharma por todo el mundo. Durante este tiempo ha impartido extensas enseñanzas sobre las principales escrituras mahayanas. Estas enseñanzas se han publicado en inglés y traducido a numerosas lenguas y constituyen una exposición completa de las prácticas esenciales del sutra y el tantra del budismo mahayana. Es el fundador de numerosos centros de budismo en varios países del mundo.

Gueshe Kelsang unifica con destreza excepcional la antigua sabiduría de la doctrina budista, tal y como se practicó en su tierra natal, el Tíbet, con los intereses y las preocupaciones del mundo occidental, donde vive desde 1977.

Títulos disponibles

Caminos y planos tántricos Cómo entrar en el camino vajrayana, recorrerlo y perfeccionarlo.

Cómo solucionar nuestros problemas humanos Las cuatro nobles verdades. Las famosas enseñanzas de Buda conocidas como «Las cuatro nobles verdades» nos ofrecen una solución clara y sencilla y nos conducen al oasis de paz infinita que existe en nuestro corazón.

Compasión universal Prácticas budistas para cultivar el amor y la compasión. Instrucciones prácticas para cultivar las actitudes altruistas que constituyen una fuente inagotable de verdadera felicidad.

Comprensión de la mente Naturaleza y funciones de la mente. Exposición clara sobre la naturaleza y las funciones de la mente. En la obra se combina una profunda exploración filosófica con su aplicación psicológica.

Corazón de la sabiduría Las enseñanzas esenciales de Buda acerca de la sabiduría. Comentario de uno de los Sutras más conocidos de Buda, el *Sutra del corazón*, que presenta una lúcida explicación de lo que es la vacuidad, la naturaleza última de la realidad, según la filosofía budista.

El camino gozoso de buena fortuna El sendero budista hacia la iluminación. (Agotado; próxima reedición.)

El voto del Bodhisatva Guía práctica para ayudar a los demás. Una clara introducción a la esencia del budismo mahayana –el compromiso de alcanzar la iluminación para poder beneficiar a todos los seres–.

Gema del corazón Prácticas esenciales del budismo kadampa. La manera correcta de confiar en el Guía Espiritual –la raíz del camino– y el modo de ampararnos en la protección de Buda. (Agotado; próxima reedición.)

Guía de las obras del Bodhisatva Cómo disfrutar de una vida altruista y llena de significado por Shantideva, traducido por Neil Elliot bajo la guía de Gueshe Kelsang Gyatso.

Guía del Paraíso de las Dakinis La práctica del tantra del yoga supremo de Vajrayoguini.El primer comentario completo editado en lengua occidental de la profunda práctica tántrica de Vajrayoguini, el Buda femenino de la sabiduría.

Introducción al budismo Una presentación del modo de vida budista. Presentación de conceptos básicos del budismo, como la meditación, el karma y la reencarnación, y su relevancia en la sociedad contemporánea.

Nuevo manual de meditación El arte de la meditación y el método para aplicarla en la vida diaria. Esta pequeña obra explica paso a paso y con claridad el arte de la meditación y el método para aplicarlo en la vida diaria.

Ocho pasos hacia la felicidad El modo budista de amar. Comentario al texto *Adiestramiento de la mente en ocho estrofas*, de Gueshe Langri Tangpa, que revela profundos y prácticos métodos para descubrir la fuente de la felicidad en nuestro interior.

Tesoro de contemplación El modo de vida del Bodhisatva. Aclamada obra en la que se muestra cómo llevar un modo de vida noble y compasivo, y que revela las prácticas que conducen a la iluminación completa.

Transforma tu vida Un viaje gozoso. Consejos prácticos para transformar nuestra mente y nuestra vida, desarrollar por completo el potencial humano y encontrar paz y felicidad duraderas.

Una vida con significado, una muerte gozosa La profunda práctica de la transferencia de conciencia. Profunda práctica para transferir la consciencia a una tierra pura durante el proceso de la muerte.

En proceso de traducción

Esencia del vajrayana Comentario a la práctica del tantra del yoga supremo del mandala corporal de Heruka.

Gran tesoro de méritos La práctica de confiar en el Guía Espiritual. Profundos consejos acerca de la práctica de confiar en el Guía Espiritual y la manera de avanzar por los senderos del sutra y del tantra.

La luz clara del gozo Manual de meditación tántrica. Extraordinaria exposición de las prácticas más avanzadas del budismo tántrico.

Océano de néctar La verdadera naturaleza de todos los fenómenos. Obra de gran calibre en la que se combina una profunda investigación acerca de la realidad última junto con consejos útiles sobre cómo integrar el budismo en la vida diaria.

CATÁLOGO DE SADHANAS

Gueshe Kelsang ha supervisado personalmente la traducción de una colección esencial de *sadhanas* (oraciones y prácticas).

1. *Asamblea de buena fortuna* Práctica del tsog del mandala corporal de Heruka.
2. *Ceremona de poua* Transferencia de consciencia para los difuntos.
3. *Ceremonia del refugio mahayana* y *Ceremonia del voto del Bodhisatva* Ceremonias rituales para acumular méritos para el beneficio de todos los seres.
4. *Cientos de Deidades de la Tierra Gozosa* El yoga del Guru Yhe Tsongkhapa.
5. *Confesión del Bodhisatva* Práctica de purificación del *Sutra mahayana de los tres cúmulos superiores*.
6. *El camino a la tierra pura* Sadhana para el adiestramiento en la transferencia de la conciencia.
7. *El camino de la compasión para el difunto* Sadhana de poua por el beneficio del difunto.
8. *El camino de la compasión para el moribundo* Sadhana de poua por el beneficio del moribundo.

9. *El camino rápido al gran gozo* Sadhana para realizar la autogeneración como Vajrayoguini.
10. *El melodioso tambor que vence en todas las direcciones* El ritual extenso de cumplimiento y renovación de nuestro compromiso con el Protector del Dharma, el gran rey Doryhe Shugden, junto con Mahakala, Kalarupa, Kalindevi y otros Protectores del Dharma.
11. *El modo de vida kadampa* Prácticas esenciales de la tradición kadampa: *Consejos de corazón de Atisha* y *Los tres aspectos principales del camino* de Yhe Tsongkhapa.
12. *El yoga de Buda Amitayus* Método especial para lograr longevidad e incrementar méritos y sabiduría.
13. *El yoga de Tara Blanca, el Buda de Larga Vida* Práctica con Tara Blanca, Deidad femenina iluminada para obtener larga vida, sabiduría y buena fortuna.
14. *El yoga de Buda Vajrapani* Sadhana para realizar la autogeneración como Buda Vajrapani.
15. *Esencia de buena fortuna* Oraciones de las seis prácticas preparatorias para la meditación de las etapas del camino hacia la iluminación.
16. *Esencia del vajrayana* Sadhana del mandala corporal de Heruka según el sistema del Mahasidha Ghantapa.
17. *Esencia del vajrayana concisa* Sadhana concisa de la autogeneración del mandala corporal de Heruka.
18. *Gema del corazón* Yoga del Guru Yhe Tsongkhapa en combinación con la sadhana abreviada del Protector Doryhe Shugden.
19. *Gotas de esencia de néctar* Ritual especial de ayuno y práctica de purificación con Buda Avalokiteshvara de once rostros.
20. *Joya preliminar para el retiro del mandala corporal de Heruka*
21. *La fiesta del gran gozo* Sadhana para realizar la autoiniciación de Vajrayoguini.
22. *La gema que colma todos los deseos* Práctica del yoga del Guru Yhe Tsongkhapa en combinación con la sadhana del Protector Doryhe Shugden.
23. *La gran liberación de la Madre* Prácticas preliminares para la meditación del Mahamudra en combinación con la práctica de Vajrayoguini.
24. *La gran liberación del Padre* Prácticas preliminares para la meditación del Mahamudra en combinación con la práctica de Heruka.
25. *La Gran Madre de la Compasión* Sadhana de Arya Tara.

26. *La Gran Madre de la Sabiduría* Método para eliminar obstáculos e interferencias con la recitación del *Sutra de la esencia de la Sabiduría.*
27. *La joya preliminar* Preliminares concisas para el retiro de Vajrayoguini.
28. *Liberación del dolor* Alabanzas y súplicas a las veintiuna Taras.
29. *Meditación y recitación del Vajrasatva Solitario* Práctica de purificación.
30. *Ofrenda al Guía Espiritual* Una práctica del tantra del yoga supremo en combinación con el yoga del Guru Yhe Tsongkhapa.
31. *Oraciones para la larga vida del venerable Gueshe Kelsang Gyatso Rimpoché*
32. *Oraciones para meditar* Preparación especial para la meditación.
33. *Oraciones sinceras* Funeral para cremaciones y entierros.
34. *Poua concisa*
35. *Práctica concisa de Buda Amitayus*
36. *Preliminares para el retiro de Vajrayoguini*
37. *Rey del Dharma* Método para realizar la autogeneración como Yhe Tsongkhapa.
38. *Sadhana de Avalokiteshvara* Oraciones y súplicas al Buda de la Compasión.
39. *Sadhana de Samayavajra*
40. *Sadhana del Guru de la Medicina* Oraciones a la asamblea de los siete Budas de la medicina.
41. *Sadhana de la ofrenda de fuego de Vajradaka* Práctica para purificar las faltas e impurezas.
42. *Sadhana de la ofrenda de fuego de Vajrayoguini*
43. *Sadhana de la ofrenda de fuego del mandala corporal de Heruka*
44. *Tesoro de sabiduría* Sadhana del Venerable Manyhushri.
45. *Texto raíz del Tantra de Heruka y Vajrayoguini*
46. *Una vida pura* Práctica para recibir y mantener los ocho preceptos mahayanas.
47. *Unión de No Más Aprendizaje* Sadhana de la autoiniciación del mandala corporal de Heruka.
48. *Yoga de la Dakini* Seis sesiones del Yoga del Guru Vajrayoguini.
49. *Yoga del Héroe vajra* Práctica esencial concisa de la autogeneración del mandala corporal de Heruka y el yoga conciso de las seis sesiones.

Los libros y sadhanas de Gueshe Kelsang Gyatso pueden adquirirse por medio de:

Editorial Tharpa
C/ Molinero nº10, bajo
11150 Vejer de la Frontera (Cádiz)
España
Tel.: 34 + 95 6451528
E-mail: annatkins@terra.es
Website: http://www.tharpa-es.com

Tharpa Publications
47 Sweeney Road
P.O. Box 430
Glen Spey
NY 12737, USA
Tel.: 845-856-5102 o 888-741-3471
Fax: 845-856-2110
Email: books@tharpapublications.com
Website: http://www.tharpa.com/spbooks.htm

Programas de estudio de budismo kadampa

El budismo *kadampa* es una escuela de budismo *mahayana* fundada por el gran maestro indio Atisha (982-1054). Sus seguidores se conocen con el nombre de *budistas kadampas*. *Ka* significa 'palabra' y se refiere a las enseñanzas de Buda, y *dam*, a las instrucciones especiales del Lamrim, las etapas del camino hacia la iluminación, que Atisha enseñó. Los budistas kadampas integran su conocimiento de todas las enseñanzas de Buda en su práctica del Lamrim, y esta en su vida diaria, y de este modo las utilizan para transformar sus actividades en el camino hacia la iluminación. Los maestros kadampas eran famosos por ser grandes eruditos y practicantes espirituales puros y sinceros.

El linaje de estas enseñanzas, tanto la transmisión de sus escrituras como sus bendiciones, fue transmitido de maestro a discípulo, difundiéndose por gran parte del continente asiático, y en las últimas décadas por diversos países del mundo occidental. Las enseñanzas de Buda reciben el nombre de *Dharma*, y se dice que son como una rueda que gira y se traslada de un lugar a otro según las condiciones e inclinaciones kármicas de sus habitantes. La presentación externa del budismo sigue adaptándose a las diversas culturas y sociedades, pero su verdadera esencia permanece intacta y se transmite a través de un linaje ininterrumpido de practicantes realizados.

El budismo kadampa fue introducido en Occidente por el venerable Gueshe Kelsang Gyatso en 1977. Desde entonces, este maestro budista ha trabajado sin descanso para difundir este precioso Dharma por todo el mundo, ha impartido enseñanzas, escrito profundos libros y comentarios y fundado la Nueva Tradición Kadampa (NKT), la Unión Internacional de Budismo Kadampa (NTK-IKBU), que ya cuenta con más de ochocientos centros de budismo en diversos países. En cada centro se ofrecen programas de estudio sobre psicología y filosofía budista, instrucciones para la meditación y retiros para practicantes de todos los niveles. En ellos se enseña principalmente cómo integrar las enseñanzas de Buda en la vida diaria y de esta manera resolver nuestros problemas, aprender a ser felices y ayudar a que todos los seres disfruten de paz y felicidad.

El budismo kadampa de la NTK-IKBU es una tradición budista independiente que no está vinculada a ninguna organización social o partido político. Es una asociación de centros y practicantes budistas que se inspiran en el ejemplo de los maestros kadampas de antaño y en sus enseñanzas, tal y como las presenta el venerable Gueshe Kelsang Gyatso Rimpoché.

Hay tres razones por las que debemos estudiar y practicar las enseñanzas de Buda: para adquirir sabiduría, para cultivar un buen corazón y para mantener paz mental. Si no nos esforzamos por adquirir sabiduría, no conoceremos la verdad última, la verdadera naturaleza de la realidad. Aunque deseamos ser felices, ofuscados por la ignorancia cometemos todo tipo de acciones perjudiciales que constituyen la causa principal de nuestro sufrimiento. Si no tenemos un buen corazón, nuestra motivación egoísta destruirá nuestras buenas relaciones y la armonía con los demás. No encontraremos paz interior ni verdadera felicidad. Sin paz interior, la paz externa es imposible. Sin paz mental no podremos felices aunque estemos rodeados de las mejores condiciones externas. En cambio, cuando disfrutamos de paz mental, somos felices aunque las circunstancias que nos rodeen sean adversas. Por lo tanto, es evidente que debemos cultivar estas cualidades para ser felices.

Gueshe Kelsang Gyatso, o *Gueshe-la*, como lo llaman afectuosamente sus estudiantes, ha diseñado tres programas espirituales especiales para el estudio estructurado y la práctica del budismo kadampa adaptados a la sociedad actual: el Programa General (PG), el Programa Fundamental de Budismo (PF) y el Programa de Adiestramiento de Maestros Budistas (PAMB).

PROGRAMA GENERAL

El Programa General ofrece una introducción básica a la visión, meditación y acción budistas y es ideal para principiantes. Incluye también enseñanzas y prácticas avanzadas, tanto de sutra como de tantra.

PROGRAMA FUNDAMENTAL DE BUDISMO

El Programa Fundamental de Budismo va dirigido a aquellos que prefieren profundizar en su adiestramiento espiritual y consiste en el estudio de los cinco textos siguientes:

1. *El camino gozoso de buena fortuna*, comentario al conocido texto de Lamrim *Etapas del camino hacia la iluminación*, de Atisha.
2. *Compasión universal*, comentario al *Adiestramiento de la mente en siete puntos*, del Bodhisatva Chekaua.
3. *Corazón de la sabiduría*, comentario al *Sutra del corazón*.
4. *Tesoro de contemplación*, comentario a la *Guía de las obras del Bodhisatva*, del venerable Shantideva.
5. *Comprensión de la mente*, exposición clara sobre la naturaleza y las funciones de la mente según los textos de los eruditos budistas Dharmakirti y Dignaga.

El estudio de estas obras nos aporta numerosos beneficios, que resumimos a continuación:

1) *El camino gozoso de buena fortuna*: Nos enseña a poner en práctica todas las enseñanzas de Buda, tanto de sutra como de tantra. Si lo estudiamos y practicamos, progresaremos con facilidad y completaremos las etapas del camino hacia la felicidad suprema de la iluminación. Desde un punto de vista práctico, puede decirse que el Lamrim constituye el tronco principal de las enseñanzas de Buda, mientras que sus otras instrucciones son como las ramas.

2) *Compasión universal*: Esta obra nos enseña a integrar las enseñanzas de Buda en nuestra vida y a resolver con facilidad nuestros problemas diarios.

3) *Corazón de la sabiduría*: Nos muestra cómo alcanzar la realización de la naturaleza última de la realidad, con la que podemos eliminar la mente ignorante de aferramiento propio, la raíz de todo nuestro sufrimiento.

4) *Tesoro de contemplación*: Con esta preciosa obra aprendemos a transformar nuestras actividades diarias en el camino y modo de vida del Bodhisatva, llenando nuestra vida de significado.

5) *Comprensión de la mente*: En este texto se expone la relación entre nuestra mente y los objetos externos. Si comprendemos que los objetos dependen de la mente subjetiva, podemos cambiar la manera en que los percibimos transformando nuestra mente. Poco a poco adquiriremos la habilidad de controlar nuestra mente y podremos resolver todos nuestros problemas.

PROGRAMA DE ADIESTRAMIENTO DE MAESTROS BUDISTAS

El Programa de Adiestramiento de Maestros Budistas atiende a las necesidades de los que desean convertirse en instructores de budismo kadampa. En este programa se estudian doce textos de sutra y de tantra, incluidos los cinco mencionados, y además los participantes deben mantener determinadas pautas de comportamiento y modo de vida, y completar varios retiros de meditación.

Todos los centros de budismo kadampa están abiertos al público. Cada año celebramos festivales en los Estados Unidos y en Europa, incluidos dos en Inglaterra, a los que acuden personas de todo el mundo para recibir enseñanzas e iniciaciones y disfrutar de vacaciones espirituales. Puede visitarnos cuando lo desee.

Si desea más información, puede dirigirse a:

EN ESPAÑA:

Aracena: Centro Budista Avalokiteshvara
C/ Dolores Valladares, 6
21200 Aracena (Huelva)
Tel.: 95 9196043
E-mail: aracena@budismo.info

Barcelona: Centro Budista Mahakaruna
C/ Girona nº 83, 3º-2ª
08009 Barcelona
Tel.: 93 4876917
E-mail: info@meditarabcn.org
Web: http://www.meditarabcn.org

Cádiz: Centro Budista Lochana
C/ Buenos Aires nº 18, dpdo. 1º
11003 Cádiz
Tel.: 95 6170032 / 610 626310
E-mail: cadiz@budismo.info
Web: http://www.meditacionencadiz.org

Castellón: Centro Budista Naropa
C/ Ramón y Cajal, 12 bajo
12002 Castellón
Tel.: 96 4227969 / 651 150636
E-mail: castellon@budismo.info
Web: http://www.naropa.org

Madrid: Centro Budista Vajrayana
C/ Cadarso nº 5
28008 Madrid
Tel.: 91 5410229 / 699 110839
E-mail: madrid@budismo.info
Web: http://www.meditacionenmadrid.com

Málaga: Centro de Meditación Kadampa
Hotel Kadampa, Fuente del Perro s/n
29120 Alhaurin el Grande (Málaga)
Tel.: 95 2595683
E-mail: kmcspain@kadampa.org
Web: http://www.kmcspain.org

Mallorca: Centro Budista Potala
C/ Quetglas nº 23, esquina C/ Monterrey
07013 Palma de Mallorca
Tel.: 97 1454565 / 619 104417
E-mail: mallorca@budismo.info
Web: http://www.meditaramallorca.org

Menorca: Templo Budista Kadampa Instituto Dharma
Sa Roca-Mercadal, Carretera Mahon-Fornells
Apartado 97
07740 Mercadal
Tel.: 97 1359829
E-mail: menorca@budismo.info

Murcia: Centro Budista Sugata
C/ Turroneros, 6, 2º
Murcia
Tel.: 96 8887039
E-mail: sugatamurcia@yahoo.es
Web: http://www.meditarenmurcia.org

Sevilla: Centro Budista Mahamudra
C/ Yuste nº 9
41002 Sevilla
Tel.: 95 4118084
E-mail: fernandoiraola@yahoo.es

Tenerife: Centro Budista Aryadeva
Apdo. de Correos 418
38080 Santa Cruz de Tenerife
Tel.: 610 264444
E-mail: aryadeva_kadampa@yahoo.es
Web: http://www.kadampacanarias.com

EN MÉXICO:

Ciudad de México: Centro Budista Dharmachakra
Enrique Rébsamen No. 406, casi esq. Av. Xola
Col. Narvarte, C.P. 03020
México D.F., México
Tels. (01 55) 56 39 61 80
E-mail: dharmachakra@kadampa.org.mx
Web: http://www.kadampa.org.mx

Querétaro: Centro Budista Sukhavati
Plaza Maldonado
Av. Universidad Ote. N°. 154-109
Col. Centro
Querétaro, Qto. México
Tel. (01 442) 214 1338
e-mail: sukhavati@kadampa.org.mx

San Cristóbal de las Casas: Centro Budista Drolma
María Adelina Flores 24a
Col. Centro
San Cristóbal de Las Casas, C.P. 029200
Chiapas, México
Tel. (01 967) 631 6052
E-mail: drolma@kadampa.org.mx

EN CHILE

Santiago de Chile: Centro Buda Chenrezsig
Luis Thayer Ojeda 0127, oficina 302
Providencia
Santiago
Tel.: (56-2) 333 4650
e-mail: info@meditacionenchile.cl
web site: www.meditacionenchile.cl

EN EL REINO UNIDO:

Oficina de la NTK en el Reino Unido
Manjushri Kadampa Meditation Centre
Conishead Priory
Ulverston, Cumbria LA12 9QQ, Inglaterra
Tel./Fax: 44 + (0) 1229 588333
E-mail: kadampa@dircon.co.uk
Web: http://www.kadampa.org

EN LOS ESTADOS UNIDOS:

Oficina de la NTK en los Estados Unidos
Kadampa Meditation Center
47 Sweeney Road
P.O. Box 447
Glen Spey, New York
NY 12737, Estados Unidos
Tel.: (+1) 845-856-9000
Fax: (+1) 845-856-2110
Email: info@kadampacenter.org
Web: http://www.kadampacenter.org

Índice analítico

N

S

Improving Teacher Evaluation Systems